场面人

CHANG MIAN REN

夏梓郡 ◎ 著

沈阳出版发行集团
沈阳出版社

图书在版编目（CIP）数据

场面人 / 夏梓郡著 . -- 沈阳：沈阳出版社，2025.
5. -- ISBN 978-7-5716-4928-9

Ⅰ . C912-49

中国国家版本馆 CIP 数据核字第 2025KF1310 号

出版发行：	沈阳出版发行集团 | 沈阳出版社
	（地址：沈阳市沈河区南翰林路 10 号　邮编：110011）
网　　址：	http://www.sycbs.com
印　　刷：	三河市兴达印务有限公司
幅面尺寸：	170mm×240mm
印　　张：	12.5
字　　数：	130 千字
出版时间：	2025 年 5 月第 1 版
印刷时间：	2025 年 5 月第 1 次印刷
责任编辑：	王冬梅
封面设计：	鲍乾昊
版式设计：	雷　虎
责任校对：	张　磊
责任监印：	杨　旭

书　　号：ISBN 978-7-5716-4928-9
定　　价：59.80 元

联系电话：024-24112447
E-mail：sy24112447@163.com

本书若有印装质量问题，影响阅读，请与出版社联系调换。

写在前面的话

在人生的舞台上，每个人都是自己命运的演员。在这场命运的书写中，每个人又都渴望成为那个能在任何场面下游刃有余、光芒四射的场面达人。《场面人》一书，就是你的秘密武器，它不仅解锁了社交高手的绝技，更揭示了如何在复杂的人际网络中游刃有余，活出自我的风采。

这是一本教你如何说话、如何穿衣的社交指南，更是一场关于情商、智商与审美力并重的全方位升级之旅。从精准沟通的艺术，到外在形象的塑造；从内心情绪的平衡，到人脉网络的构建；从婚姻爱情的经营，到职场生涯的攀升；再到个人素养的修炼与人生智慧的领悟，书中将一一击破，带你玩转生活每一个重要场面。

想象一下，当你能够轻松读懂他人的言外之意，用一句话直击心灵；当你以无可挑剔的着装与自信的气场出现在每一个重要场合；当你能够优雅地处理人际关系中的微妙与冲突，成为人脉网络中的核心节点；当你不仅在职场上如鱼得水，更在家庭中收获幸福与爱情……这一切，都将成为你不可复制的竞争力，让你在人生的舞台上熠熠生辉。

《场面人》是你社交技能的升级手册，也是你人生智慧的启迪宝典。它不仅仅关乎技巧与策略，更是一种生活哲学的传递——在纷繁复杂的世界中，保持内心的从容与坚定，以乐观、谦逊的态度，不断追求自我成长与超越，最终活成自己心中的那个"场面人"。

目录 CONTENTS

第一章 职场上 游刃有余　　001

01 精准表达，直击沟通靶心　　002
02 察言观色，掌握沟通主动权　　006
03 留有余地，让沟通有机可乘　　010
04 三要素联动，缔造沟通"名场面"　　014

第二章 锦衣华服 气场全开　　019

01 漂亮的面料，帮你赢在第一印象　　020
02 小配饰，也会影响大场面　　025
03 整洁穿着，展现自信风采　　029
04 三招黄金搭配，让外在更完美　　033

第三章 驭情之术 心绪平衡　　037

01 一句懂我，胜过千言万语　　038
02 从心出发，场面人背后的温柔　　042
03 尴尬时刻，是困境也是出口　　046
04 正确道歉的方式比道歉更重要　　050
05 直面冲突，在恐惧中生出力量　　054
06 划清边界，要有拒绝的勇气　　058
07 争辩之外，场面处理的艺术　　062
08 魔法三步走，告别情绪失控时刻　　066

第四章 人脉高手 制胜之道　　070

01 场面人 × 人脉价值＝成功公式　　071

02 真诚，你不可或缺的社交基石　　075

03 多社交，多积累，多成就　　079

04 好人脉也要"常回家看看"　　083

05 搭把手，吸引更多铁杆盟友　　087

06 一把宽容钥匙，改写场面格局　　091

07 人脉可遇不可求，不可过分强求　　095

08 人脉三秘诀，打造高效场面圈　　099

第五章 温情港湾 蓄势待发　　103

01 婚姻这个大场面，如何选择　　104

02 尊重，幸福生活的必备元素　　108

03 每一次的深情对话，都是投资　　112

04 爱情是相互成全对方的完整　　116

05 好的承诺，赋予爱情坚定的信念　　120

06 在赞美中，散发出爱情的香芬　　124

07 婚姻的智慧在于平衡理性与感性　　128

08 爱情三部曲，助感情更上一层楼　　132

第六章 自强不息 风范自显　　　　136

01 阅读打底，场面人更出彩　　　137
02 社交礼仪是规范，也是修养　　　142
03 多一次旅行，多一份人格独立　　　146
04 用艺术洗刷灵魂中的灰尘　　　150
05 会说外语的人，另添一份魅力　　　155
06 修炼三大文化素养，轻松称霸全场　　　160

第七章 职场征途 磨砺以须　　　　165

01 锁定目标，跑赢职场赛道　　　166
02 关注行业信息，这关乎你的升职加薪　　　170
03 团队凝聚力，领导力的透视镜　　　174
04 塑造个人品牌，三步实现价值倍增　　　178

第八章 学无止境 乐享人生　　　　181

01 从容不迫，是场面人的生活态度　　　182
02 乐观，是场面人的底色　　　186
03 气场全开，掌握人气场上的三点技巧　　　190

第一章 职场上 游刃有余

——场面人的沟通法则

> 一个人必须知道该说什么,一个人必须知道什么时候说,一个人必须知道对谁说,一个人必须知道怎么说。

01 精准表达，直击沟通靶心

简洁是智慧的灵魂，冗长是肤浅的藻饰。莎士比亚的名言很好地体现了清晰表达的重要性。在沟通中，简洁而精准地表达往往能够直击要点，展现智慧。而那种冗长、繁杂的表述方式则可能会掩盖重点，让人觉得表述者的思想比较肤浅，缺乏重点提炼的能力。这也提醒人们在交流沟通时，要尽量用简洁的话语来精准传达自己的意图。身为"场面人"，最不可或缺的能力就是精准表达。

晏子就是这样一位能说会道的"场面人"。春秋时期，晏子出使楚国。楚王仗着自己国家强盛，想要羞辱晏子，从而贬低齐国。晏子身材矮小，楚王便命人在城门旁边开了一个小洞，让晏子从小洞进入。晏子不卑不亢地说"出使到狗国的人从狗洞进去，今天我出使到楚国来，不应该从这个洞进去。"迎接宾客的人只好带晏子改从大门进入。

楚王见到晏子后，轻蔑地说"齐国难道没人了吗？竟派你这样一个人来。"晏子回答道"齐国首都临淄有七千多户人家，展开衣袖可以遮天蔽日，挥洒汗水就像天下雨一样，人挨着人，肩并着肩，怎么能说齐国没有人呢？只是我们齐国派遣使臣，各有不同的规矩，那些有才能的人被派遣出使到有贤明君主的国家，无能的人被派遣出使到君主无能的国家。我最无能，所以就被派到楚国来了。"

楚王心里暗暗不服，又安排人在宴会上故意押着一个齐国的盗贼经过，想要借此羞辱晏子和齐国。晏子却面不改色地说"橘生淮南则为橘，生于淮北则为枳，叶徒相似，其实味不同。所以然者何？水土异也。现在这个人在齐国不偷东西，到了楚国就偷东西，莫非是楚国的水土使百姓善于偷窃吗？"楚王听后，羞愧不已，对晏子的机智和勇敢深感佩服，再也不敢轻视晏子和齐国了。晏子凭借着自己的智慧和口才，成功地维护了国家的尊严和荣誉。

言不在多，达意则灵。有效的沟通不在于言辞的堆砌，而在于能否精准地传达出想要表达的意思。在日常生活中，我们时常会遇到这样的场景有人寥寥数语，就能直击要害，让人恍然大悟，印象深刻；有人长篇大论，却言之无物，让人听得云里雾里，不知所云。

小赵是一家公司的员工，本来勤勤恳恳，爱岗敬业，老板一度很认可她。但谁也没想到，她竟然辞职了。

原来，有一次，小赵连着加了三天的班，身心疲惫。她想向老板请求调休两天。精心准备了一晚上的说辞，第二天早上刚上班，小赵就迫不及待地走进老板办公室。

不巧的是，老板要出门谈事情，看着小赵急切的神情，老板还是给了她十分钟。"老板，这几天我一直在加班，真的特别累。我觉得我现在的状态很不好，工作效率也不高了。我知道公司现在可能也比较忙，您工作也很辛苦。"小赵越说越着急，渐渐变得语无伦次起来，"老板，您看我这几天一直在忙，我也不是故意要在这个时候跟您说，但是我实在是太累了。"絮叨了很久都没说清楚自己的真正意图。老板听得迷迷糊糊，又急得连连看表，只能打断小赵这没有主题的表达。

没想到，小赵竟然认为老板看不起自己，她委屈地哭了出来，引得同事们频频围观。小赵抽泣着说："老板，我不是故意要惹您生气的。我只是真的太累了，想休息一下。您为什么就不能理解我呢？我觉得自己在公司一直很努力啊！"

最后，老板只得无奈地说"小赵，你先冷静一下，咱们下次再说吧。"说着，就急忙走出了办公室。从那以后，老板对小赵冷淡了不少，时间久了，小赵心灰意冷，自觉晋升无望，没多久就辞职了。

小赵之所以辞职，主要原因就在于她与老板沟通时缺乏表达技巧，导致自己词不达意，最后得不到别人的谅解，还葬送掉自己的前程。

"现代企划技术之父"——史宪文教授，曾这样说："不必海阔天空，能把事想到点子上的就是大智者；不必口若悬河，能把话说到点子上的就是真口才。"在表达的时代，把话说透很重要。要想做成功的"场面人"，就要让自己的沟通直击靶心，从而创造自己的一番天地。

场面人必修课

表达是门技术活。在开口之前，要先明确自己想要传达的核心信息是什么，尽量保持精简和逻辑清晰。多听、多说、多练，这才是表达的核心秘方。

02 察言观色，掌握沟通主动权

出门观天色，进门看脸色。察言观色是人际交往的基本功。情商高的人，都擅长察言观色，并且只从观察别人的神色变化，捕捉别人细微的动作神情，就知道一段对话之后的走向，从而随机应变。该说的时候说得恰到好处，不该说的时候一句话也不说，这样才能洞悉人心，打开成功的大门。

元韶是北齐文宣帝高洋的妹婿，但他身为皇亲国戚，却缺乏警觉和机智，不慎言辞。

北齐文宣帝高洋的皇位，是逼迫东魏孝静帝禅位得来的。即位后，有一天，高洋和元韶闲聊，突然问他："汉光武帝刘秀何以中兴汉室？"

元韶想也没想就回答道："那是因为篡权的王莽没有把刘氏杀绝。"

此话一出，高洋的脸色立即变得铁青。高洋自己也是通过篡权上位的，听了元韶的话，能不起疑心吗？于是他下令，把元家所有人都抓起来。元韶也被囚禁在地牢里，他没有食物，只能啃食自己的衣袖，最后被活生生饿死了。可见，在复杂多变的环境中，察言观色和谨慎言辞至关重要。一个不慎的言论可能会给自己和家族带来灭顶之灾。

眼睛是心灵的窗户，通过观察对方的眼神，我们可以捕捉到很多微妙的情感变化。当然，注视时要保持自然，避免让对方感到不适。此外，人的面部表情能够传达出丰富的信息，通过仔细观察对方的表情，我们可以更准确地理解对方的情绪状态。对方的动作也能够反映出他们的情感和态度。比如，当对方感到紧张或不安时，可能会频繁地摆弄手指；当对方感到开心或放松时，可能会展现出更加自然的姿态。

我们要"察言而观色，虑以下人"，在别人说话时，仔细观察，否则可能会在无意中伤害到他人，损失感情。

小芸是一家咖啡店的店员。有一天，咖啡店里走进来了一个青年男子，一进门就垂头丧气地坐在了窗边。

　　小芸注意到，男子的眼神十分忧郁，嘴角一直耷拉着，还时不时地叹气。小芸意识到男子的心情不好，于是一直默默观察着。同事小刘见男子只坐着，什么都不买，想要把他赶走。小芸把同事拦了下来，摇了摇头。

　　过了一会儿，男子接了一个电话，表情变得更加凝重了。他重重地放下自己的手机，转身走向店外。

　　小刘嘲讽说："我就说吧，他就是进来蹭空调的！"

　　小芸却突然变了脸色，她想起，咖啡店外有一条小河，难道男子是要……小芸连忙冲出门去，果然，男子站在桥边，一只脚已经跨了出去。

　　"先生，不要轻生！"小芸急忙拦住了他。

　　男子一愣，紧接着被路过的人拽了下来。原来，这位青年男子近期遭遇了事业上的挫折，心情一直很低落。刚才的电话，是他最近面试的公司打来的，他又没被录取上。于是男子心灰意冷，想要结束自己的生命。

　　在小芸的安慰下，男子最终选择笑对生活，他迈着沉重的步伐走出了咖啡店。直到一个月后，一个西装革履的人走进了咖啡店，笑着对小芸说："你好，还记得我吗？"他就是之前想要自杀的男子。如果不是小芸仔细观察，发现了他的不对劲，男子可能早已经离开了这个世界。他这次来，就是想要郑重地对小芸说一声"谢谢你"。

擅长察言观色的人，都有敏锐的洞察力和细腻的情感感知，能从对方的神色、语气乃至微妙的肢体语言中，捕捉到那些不易察觉的情绪变化，从而及时调整沟通的策略和方向。学会察言观色，也就可以在人际交往的舞台上更加自信、从容地展现自我，离成功也就更近。

> **场面人必修课**
>
> 场面人要学会察言观色，时刻留意对方的表情、眼神、肢体动作等细微变化，这些往往能反映出对方的真实情绪和态度。只有学会看别人脸色，才能在沟通中更加游刃有余。

03 留有余地，让沟通有机可乘

> "廉"还是"贪"，你自己选吧。

> 留有余地，实在可怕！

智者处世，常留三分余地。说话时要留有余地，这样既能显示出智慧，又能维护彼此的情谊。细观历史上的那些场面人，就知道"话留三分"有多么重要。

历史上的纪晓岚，以其机智幽默、口才出众而著称。他口齿伶俐，应对灵活，在官场和日常生活中，只需要三言两语，就能瞬间化解尴尬和紧张的气氛，被称为"铁齿铜牙"。

小时候，纪晓岚常常与伙伴们在街上玩球。有一次，纪晓岚一个不留神，把球踢进了路过的知府轿子里。其他孩子见状，都吓得四散而逃，唯独纪晓岚没有跑，反而走上前去，准备向知府索回球。

知府见纪晓岚小小年纪，竟敢拦轿索球，心中颇感好奇，便想试探一下他的才学。于是，知府出了一副对联的上联："童子六七人，唯汝狡。"纪晓岚听后，不慌不忙地答道："太守二千石，独公……"

纪晓岚说到这里，就闭紧了口，不再说下去。知府好奇，连忙询问纪晓岚为何不说出最后一个字，纪晓岚狡黠地笑道："知府若将球还我，就是'廉'字；若不还，便是'贪'了。"知府一听，不禁被纪晓岚的机智所折服，尴尬之余，也暗赞其聪敏，于是将球还给了他。

纪晓岚没有把话说全，而是选择给知府留有余地，这不仅体现了他的机智灵活，更是不动声色地提醒了知府，帮助他树立了形象，使彼此达到双赢，这就是说话不说全的"场面人"的优势所在。

话不说尽有余地，事不做尽有余路，情不散尽有余韵。说话太绝，就会斩断自己的退路。能撑得起场面的人，从来不会把话说得太绝。他们知道，说话要注意分寸，把握尺度，才能给自己留下后路。例如，当面对别人的提问时，即使自己很有把握，也不要立刻把话说满。适当地给自己的话留点余地，也可以为之后留下处理细节和应对突发情况的空间。

"话留三分"在沟通中，是一种极为重要的策略。就像吃牛排时，一分熟会太生，全熟又会太老，因此，只有七分熟的牛排受到大多数人的青睐。沟通就像吃牛排，最好保持七分熟，言谈举止恰到好处，才能达到想要的效果。

林怡每周六都会到家对面的一家面馆吃饭。有一天，面馆坐着一个看起来就很精明的中年人。他吃完了面，心满意足地拍了拍肚子，便似乎准备就此离去，全然不顾还未支付的账单，企图在人潮中浑水摸鱼。

林怡看到后，正要高声提醒老板娘。没想到老板娘眼疾手快，已经走到了中年人的身边，对他说："您看，今儿这顿饭钱也不多，您是咱们这儿的老熟人了，要不咱们就记个账，下次一块儿算？"她的话语虽轻，却足以吸引店内所有人的注意。

中年人一听，顿时面露尴尬，连忙拍着自己的脑门，连声道歉："哎呀，真是不好意思，大姐，我这记性，居然把买单这事儿给忘了！"说着，他迅速从钱包里掏出钱来，结账后，便找了个借口匆匆离开。

目睹这一切的林怡，心中为老板娘打抱不平，走上前去说道："老板娘，对这种爱占小便宜的人，你干吗还给他留面子？直接抓住他，看他以后还敢不敢。"

老板娘闻言，只是微微一笑，说道："做生意啊，这里面学问大着呢。我这样处理，既不会得罪人，又能在大家面前给他留足面子，这样他以后还愿意再来。要是说话太直接，不留余地，我这面馆的生意，怕是要变成清汤寡水的了。"

林怡听后，深感老板娘的智慧与豁达。

什么样的场合，适合说什么样的话，一定要认清自己所处的情境，否则在特定的场合说错了话，不仅会让谈话气氛变得紧张，还会破坏人际交往圈，被他人孤立。要想突破沟通的极限，就要学会说话不说全，给自己和别人都留有余地，这样才能在各个场合都游刃有余。

场面人必修课

一个擅长做"场面人"的人，往往也懂得"话留三分"的道理。不要使用"绝对""一定""永远"等绝对化的词汇，多用"可能""也许"，给自己留有余地的同时，也保护了他人的利益和尊严。

04 三要素联动，缔造沟通"名场面"

（对话气泡）
- 先生，我该怎么锻炼沟通能力呢？
- 学会主动，注意语音语调，懂得倾听。

有一档魔术竞技类节目，请来了著名魔术师担任评委。节目选拔了许多爱好魔术的参赛选手，并由评委给他们表演的魔术打分，决定其胜负。有一期，节目中出现了一位装扮成小丑的参赛者，他表演了非常精湛的钞票魔术，令观众大开眼界。评委在点评他的魔术时，说道："表演得很好，就是服装跟表演不搭配"。本来是非常中肯的一句评语，没想到，这句话引起了小丑选手的愤怒，他竟然当众侮辱评委，还说出了破解魔术的方法，这严重违反了魔术界的规矩，也激怒了评委。

场上陷入了僵持。在这时，主持人灵机一动，对小丑说："你不要忘记，破解魔术是成千上万的人盯着在做，而创作魔术，只有一个魔术师躲在黑暗的房子绞尽脑汁，创造魔术才是真正的智慧。如果没

> 有优秀的魔术师对魔术进行创新，破解也就无从说起，喝水不忘挖井人，对吧？"这句话不仅镇住了场子，也稳定了大家的情绪，可谓是"神级救场"。而这位主持人的这次救场，被列入他的"名场面"之一。

在现实生活中，"名场面"大多是指某个人的高光时刻，也是被别人津津乐道，作为榜样的某个时刻。拥有社交名场面的人，他们随机善变，能够在任何场合都游刃有余，收放自如。

而"名场面"的造就，离不开出色的沟通能力。想要锻炼沟通能力，该怎么做呢？

1. 学会主动

主动沟通是一切沟通的前提。看电视剧的时候我们都知道，没有男女主人公的主动，就没有之后的剧情，更不会有什么甜甜的恋爱。沟通产生理解，理解产生信任，主动沟通才能让自己在场面上有一席之地。

有一年，日本东京突遭台风袭击。由于台风来得极为突然，以致整个东京交通瘫痪，地铁、电车等交通工具都停止了运营。当时东京的地铁站里滞留了两三万人，大家都很着急。没多久，大家就听到广播里说："各位乘客请注意，现在外面有台风，交通完全中断。请各位不要着急，我们很快会送来盒饭。"原来东京地铁的工作人员向东京都政府紧急求救，最终从各大餐厅紧急调来两三万份盒饭。对于台风的突袭，东京地铁运营公司、东京都政府都始料未及，以至有点儿措手不及，但即使在这种突发情况之下，他们仍旧能够做到主动支援，积极采取措施来应对，这种主动精神是很可贵的。

主动沟通表面上看似被动，其实长久下来，主动权掌握在自己手中，这是学会沟通的前提。多说话，就会有试错的机会，也能慢慢地磨炼出沟通的技术。

2．注意语速和语调

美国心理学家阿尔伯特·梅拉比安的研究表明，在传递情感和态度时，沟通效果中语言内容占比7%，面部表情和肢体语言占比55%，而语调语速等声音特征也同样拥有38%的较大占比。

语速语调可以细分为四个方面：高声调、大细声、快慢速度及说话语气。在生活中，我们可以通过分辨语速语调，来判断与我们交流的人的心理状态。如果一个人平时伶牙俐齿，却突然变得说话结巴，那他一定是在撒谎，或者心虚什么事情。

又或者，一个人平时说话慢吞吞的，不急不忙，但突然语调高昂，语速很快，那说明他的心理一定受到了伤害，可能是受到了无端诽谤，或者被无意中伤。

一个人的言谈方式能够反映他的思维和个性，一个人说话时的语调和语速，也能表现出其强调的重点及态度倾向。我们可以通过观察一个人的语速语调，判断他的个性和能力。

3. 倾听

苏格拉底说："上天赐给每个人两只耳朵，一双眼睛，而只有一张嘴巴，就是告诉人们多听多看，少说话。"倾听是突破沟通障碍最基本的技巧。在与他人交流的过程中，如果我们能采取积极倾听的态度，让对方先行表达，对方就会感受到你的尊重，从而更愿意与你进行交流与合作。

有一次，成功学大师卡耐基受邀参加了一场在城中顶级酒店举行的慈善晚宴。这场晚宴汇聚了来自各行各业的精英，从商界巨擘到学术泰斗，无一不彰显着晚宴的高端与隆重。

卡耐基站在一个角落，这时，一位身着正装、眼神中透露出对自然无尽热爱的植物学家注意到了卡耐基。他缓缓走近，带着几分激动与敬仰，向卡耐基伸出了手。"卡耐基先生，能在这里见到您真是太荣幸了！我一直对您的演讲和著作深感敬佩。"随即，植物学家便开始了他的"长篇大论"。从稀有植物的发现，到生态平衡的维护，再到他对未来植物学研究的展望，每一个话题都充满了热情与深度。而卡耐基，全程保持着微笑，认真倾听，偶尔点头表示赞同，却并未插话。

晚宴结束后，宾客们陆续离场。当卡耐基准备离开时，一个身影匆匆追了上来，正是那位植物学家。他脸上洋溢着感激之情，紧紧握住卡耐基的手，说道："卡耐基先生，今晚您是我最想感谢的人。在这么多人中，您是最能鼓舞我的一个。您的倾听，让我感受到了前所未有的尊重与理解。"

在与人交流的过程中，全神贯注地倾听，既是一种基本的礼貌体现，也是对对方的高度尊重，同时还是迅速洞察对方内心世界的一种有效手段。当我们学会倾听他人时，别人也会主动为我们打开心门。

要想取得社交场上的资源，就要多向那些拥有"名场面"的人学习。"场面人"之所以能玩转社交，游刃有余地处理人际关系，在社交危机到来之时随机应变，也离不开千锤百炼地学习。多听、多说、多练，人人都能成为擅长沟通的"场面人"。

> **场面人必修课**
>
> 若能熟练掌握主动与人交谈、细心调控语速语调，以及始终保持倾听这三项沟通技巧中的一项，便能在沟通领域中游刃有余。而若能将这三者融会贯通、运用自如，那么，下一个令人印象深刻的"名场面"，便将由你缔造。

第二章 锦衣华服 气场全开

——场面人的形象塑造

外貌是人内心的表露，其形呆若木鸡，其神也一定愚蠢。

01 漂亮的面料，帮你赢在第一印象

> 魔镜魔镜，怎么才能让别人觉得我是公主呢？

> 把你的粗布衣衫脱掉！

　　心理学上有一个"首因效应"，也被称为"第一印象效应"。它主要是说第一印象通常比较深刻，不易改变。如果我们想要给别人留下好的第一印象，就要在穿着上下功夫。

从远古时期开始，在部落社会中，为了区分每个人的不同地位，酋长的穿着就是最与众不同的，这与后来中国各朝代中仅皇室成员有权穿着黄色服饰的原则异曲同工。衣服和人一样，先入眼再入心，所以选择漂亮、有质感的面料是最重要的。

安妮特是国际著名的时装设计师，她早年出身贫寒。有一次，她应聘到一家裁缝店当打杂女工。看到女士们乘着豪华轿车，举止得体，端庄大方，这让她深受触动，她也想成为这样的女人。然而，旁边的老裁缝听到安妮特的想法，却不屑地笑了："你只是个穿着破衣烂衫的穷丫头，怎么能成为那样的人呢？还是别做梦了。"

令人意外的是，第二天，安妮特的形象发生了巨大的改变。她穿着一件崭新的衣服，面料虽然比不上那些有钱人的绸缎，但也看起来十分华贵。瞬间众人的目光都被她吸引了过去，那些客人对安妮特的第一印象都是"一个自信和优秀的人"，对她也更亲近。客人们频频称赞她，并且对她的老板说："这位小姑娘是你店中最有头脑、最有气质的女孩。"不久之后，女老板就把裁缝店交给安妮特管理了。

久而久之，在管理裁缝店期间，安妮特凭借自己的才华和勤奋，逐渐在时尚界崭露头角。几年后，她的名字日渐响亮，成了知名的服装设计师"安妮特夫人"。

人们在短时间内判断一个人时，往往依赖于强烈的第一印象，而这种印象通常是在视觉接触的一瞬间形成的。一个身着西装的人去面试，和一个穿着卫衣的人去面试，得到的结果也会大相径庭。面料的选择不仅关乎穿着的舒适度，更关乎个人的形象与气质。漂亮的面料能够让你在人群中脱颖而出，赢在第一印象。因此，在选择面料时，不妨多考虑其质感等因素，让每一次穿搭都成为一次完美的自我展示。

同时，根据场合的不同，选择的衣服也不同。例如，在商务正式场合中，男士通常选择深色西装三件套（西装外套、马甲、西裤），搭配白色或浅色衬衫，系上质地优良的领带，皮鞋须保持光亮，展现出沉稳与自信。整体着装应庄重、严谨与专业。而女士要选择剪裁合体的套装或连衣裙，颜色以黑、白、灰或深蓝色等经典色系为主，配以简洁优雅的高跟鞋。适当的珠宝点缀能增添几分高贵与雅致。

在商务休闲场合中，男士可以选择单件西装外套搭配休闲裤或牛仔裤，内搭素色衬衫或针织衫，既不失商务风范又兼顾舒适度。女士可选择剪裁利落的连衣裙或裤装，搭配一双平底鞋或低跟鞋，既能展现职业女性的干练，又不失亲和力。色彩上可适当加入柔和的色调，如米色、浅蓝或粉色。

衣服的面料不仅关乎个人风格，更直接影响着他人对自己的第一印象。柔软、舒适的面料往往能传递出温暖、亲近的感觉，而硬朗、冷峻的面料则可能让人产生距离感。

小梁是一所知名中学的教师，他的教学风格独树一帜，总是能以新颖的方式激发学生的学习兴趣，这也让他在众多教师中显

得颇为不同。但小梁的性格很开放，相较于传统的教师着装，他更偏爱穿着皮夹克上课，他觉得这样的装扮既彰显个性又时尚前卫，仿佛就是学生们心中那种充满魅力的导师形象。

然而，小梁的观念在第一次主持家长会后改变了。这一天家长会，小梁站在班级门口，准备迎接学生们的家长。没想到，家长们看到他穿着皮衣，"狂跩酷霸炫"的样子，看起来非常冷漠，都以为他是学生，于是略过了他。直到家长会开始才发觉原来小梁就是这个班级的班主任。

家长会后，家长们纷纷找到了学校的教务处，向学校反映了自己的担忧。他们表示，虽然理解每个人都有自己独特的风格，但作为老师，穿着应该更加温和、亲肤一些，以营造更加温馨、亲切的学习氛围，这样更有利于孩子们的学习和成长。家长们希望学校能够与小梁老师沟通，让他在着装方面做出适当的调整，以更好地融入学生群体，成为他们心中的良师益友。小梁在知道这件事后，大跌眼镜，原来衣服面料也能影响别人对自己的第一印象。从此，他再也没穿过皮衣上课。

面料的选择，往往能够反映出一个人的性格与喜好。喜欢穿着柔软丝绸的人，或许内心细腻、温柔如水；偏爱挺括棉麻的人，则可能性格坚韧、独立自主；而那些敢于尝试新颖科技面料的人，无疑是对未来充满好奇与探索精神的勇士。面料如同人的第二层皮肤，它与我们共同呼吸、共同成长，成为我们与外界交流的媒介。

然而，我们也需要意识到面料选择并非盲目追求奢华和昂贵。在选择面料时，我们应该根据自己的实际需求和经济能力进行理性选择。优质的面料并不一定意味着高昂的价格,更重要的是它的舒适度和耐用性。只有当我们真正理解了面料的价值和意义,才能够更好地利用它来塑造自己的形象和个性。

> **场面人必修课**
>
> 想留下好的第一印象,就要让自己的衣服得体、突出。那么,在衣物面料的选择上就要下功夫了。只要记住文中的这些小TIPS,一定能让我们在各种场合大放光彩。

02 小配饰，也会影响大场面

人靠衣裳马靠鞍。很多时候，相较于言语，外表更具说服力。如果你渴望吸引他人，就务必关注自己的穿着打扮。恰当的服饰，能够激发他人与你深入交往的愿望，因为它在无形中彰显了优秀内涵与高雅气质，令人心生好感。然而，即使衣服再好，也需要用合适的饰品来搭配。

法国被誉为"精致时尚的国家"，但在1650年之前，这个国家与"时尚"一词完全不沾边。那个时候，法国的国王还是路易十四，他要求大臣们在上朝时必须戴着假发套，穿着裤腿肥大得像裙裤一样的短套裤和绣着华美刺绣的上衣。虽然这身是当时的时尚，但在现在的人们看来，总是觉得头重脚轻，根本谈不上漂亮。

在这样的背景下，一位大臣在上朝言事时，做出了一个不同寻常的举动。有一天，他在脖子上系了一条白绸巾，并巧妙地打了一个漂亮的三角结。这一装扮，在旁人看来或许只是大臣个人品位的体现，但得到了路易十四的赞赏。此后，在脖子上系上一条打着漂亮三角结的白绸巾成了法国新的时尚潮流。这就是领带的起源。

如今，领带已经成了一种时尚配饰，它不仅代表着个人的品位与风格，更成了商务场合与正式场合中不可或缺的一部分。在各大时尚秀场与商务活动中，领带总是以不同的形式与风格出现，引领着潮流的走向。一个小小的领带，竟然能够从一个宫廷大臣的创意装扮，演变成如今全球范围内广泛流行的时尚配饰。可见一个人的外表不仅需要华美的服饰，也需要相得益彰的配饰作为辅助。

近年来，随着消费者对个人配饰需求的提升，手表市场呈现出稳步增长的趋势。知名手表品牌劳力士2023年生产了124万只钟表，销售额达到115亿美元，占了零售市场的三分之一。一件简单的服装，通过添加如项链、手链、耳环、帽子、围巾或腰带等配饰，可以瞬间提升细节感，让整体造型更加丰富和有层次。

配饰的选择应与场合和着装相匹配。例如，在正式场合，如商务会议或晚宴，应选择精致、典雅的配饰，如珍珠项链、金属手链或简约的手表。而在休闲场合，如逛街或家庭聚会，则可以尝试更加个性、有趣的配饰，如彩色发带、创意耳环或运动手环。优质的材质和精湛的工艺是配饰品质的重要保证。在选择配饰时，可以关注其材质，如金属、宝石、皮革等，以及工艺细节，如镶嵌、雕刻、打磨等。这些因素将直接影响配饰的耐用性和美感。

一个配饰，能看出一个人对自己的要求和生活水平。所以，在装饰自己时，要时刻注意细节，不要因小失大。

李明是一家大型科技公司的销售经理，负责与一家重要客户洽谈一笔价值数百万美元的合同。这家客户是行业内颇具影响力的龙头企业，合作成功将极大提升李明公司的收益和知名度。经过数月的努力，双方终于达成初步协议，准备在客户公司总部举行签约仪式。

为了这次签约，李明做了充分的准备。他反复修改了合同条款，甚至提前一天到客户公司踩点，熟悉路线和环境。

签约当天，李明西装革履，精神抖擞地来到客户公司。他自信满满，认为这次签约十拿九稳。然而，当他走进会议室时，却发现客户方的几位高层领导表情严肃，气氛有些凝重。

签约仪式开始后，李明注意到客户方的CEO一直盯着他的领带看，眼神中透露出一丝不悦。李明这才意识到，自己今天佩戴的领带印有竞争对手公司的 logo！这条领带是他昨天参加另一场会议时佩戴的，匆忙之间忘记更换。

李明顿时感到一阵慌乱，他试图用幽默化解尴尬，但客户方的领导们显然没有心情开玩笑。签约仪式被迫中断，客户方表示需要重新考虑合作事宜。

李明的无心之失，让公司付出了惨重的代价。客户方最终选择了另一家合作伙伴，李明也因这次失误被公司降职处理。

成大事者，在于小节。所以，要想获得好印象，除了大框架要优越外，也不要忽略配饰的小细节，不要因小失大。

场面人必修课

在穿衣服时要注意饰品的搭配，高贵华丽的衣服，应该配与其相得益彰的首饰。而休闲的衣服，则可以搭配朋克的项链、耳钉、帽子等饰品。穿衣如做人，在细节处也时刻注意，才是值得赞赏的场面人。

03 整洁穿着，展现自信风采

人靠衣装，佛靠金装。当我们穿着得体、整洁时，就能够传递出尊重他人、自我管理的积极信号，让人感受到你的专业与可靠。整洁的衣着仿佛是一面镜子，映照出我们对生活的热爱与对自己的肯定，这种积极的心理暗示能够激发我们的潜能，使我们在面对挑战时更加从容不迫。同时，我们也能提升自信心，让我们在各种场合都能做到气场爆表，火力全开。

爱因斯坦是20世纪最伟大的科学家之一，然而，尽管在科学领域取得了举世瞩目的成就，他在日常生活和穿着上却表现得极为随性。

有一次，爱因斯坦受邀参加一次重要的宴会。宴会主人为了表示对爱因斯坦的尊重，精心安排了接待仪式，并派出了司机前去接爱因斯坦。

然而，当司机按时到达爱因斯坦的住处时，却遭遇了意想不到的尴尬。他看到的爱因斯坦，并没有穿着正式的礼服或西装，而是穿着一件带有尘土的破雨衣和一双破皮鞋。这样的装扮，与司机心中所想象的那位伟大的科学家形象大相径庭。司机没有认出眼前这位穿着随意的老人就是爱因斯坦，于是没有多做停留，便开着空车回去了。这一行为，无疑让爱因斯坦错过了这场重要的宴会。

著名服装设计师可可·香奈儿曾经说过："你的衣着是你向世界展示自我的方式。"在职场上，整洁的着装是专业精神的体现，它向同事、上司乃至客户传递出你对待工作的认真态度与专业素养。更重要的是，整洁的衣着还能反映出你的生活态度。就像《生活大爆炸》里的谢尔顿，他的衣着总是那么整洁，连袜子都要按颜色配对。这不仅仅是因为他爱干净，更是因为他对待生活的态度认真、严谨，又不失趣味。

因此，我们要保持整洁度。出门前要检查自己的衣领、衣摆、袖口是不是整齐，大到整体干净，小到一个褶皱，都是应该注意的地方。此外，平时养成整洁的习惯很重要。我们要定期清洗衣物，根据衣物的材质选择合适的洗涤方式。对于易皱的衣物，如衬衫、西装等，要熨烫后再穿。

当然，穿得整洁并不是要求我们每天都西装革履，像个行走的商务人士。偶尔也可以来点休闲风，比如牛仔裤搭配T恤，但关键是得整洁、得体，让人一看就觉得你是个有品位、有态度的人。整洁的衣着还能让我们在关键时刻"hold住全场"。比如，当我们要去参加一个重要的面试或者演讲时，穿得整洁，能让我们在紧张的氛围中保持冷静、自信。相反，如果我们以"邋遢大王"的形象与人见面，那么后果简直不堪设想。

高亮是一家企业分公司的员工，但他头发总是略显凌乱，衣服似乎总也穿不整齐，办公桌上更是杂乱无章，文件、咖啡杯、零食包装袋散落一地，人人都称他为"邋遢大王"。但由于高亮的业务能力突出，所以老板没有放在心上。

直到有一次，高亮的一个产品让公司增加了销量，得到了总公司的赞赏，总公司的人事部提出见一见高亮。然而，当人事来到高亮的工位后，却皱起了眉，堆满杂物的办公桌、衣冠不整的人、满地的文件垃圾都让他对高亮的印象分大打折扣。临走时，他特意把高亮单独叫了出去，对他说："高亮，我并不是要批评你。我只是觉得，作为一个公司的员工，你的形象也代表着公司的形象。尤其是在与客户交往时，一个整洁、专业的形象往往能给人留下更深刻的印象。"

高亮尴尬地点了点头，他也没想到，因为邋遢，导致了自己升职失败。

整洁的衣着，就是你的"隐形名片"，不用开口，人家就知道你是个什么样的人。这不仅关乎你的外表，更是对自己的要求，对工作、对生活的尊重。所以，我们要从细节做起，保持整洁的衣着，用最好的状态去迎接每一个挑战和机遇。在这个竞争激烈的时代，每一个细节都可能成为成功的关键。记住，细节决定成败，整洁的衣着就是成功的第一步。

场面人必修课

整洁的衣着不是一朝一夕就能练成的，这需要我们平时就养成良好的习惯，比如定期整理衣柜，把衣服分类放好；每次洗衣服的时候，都仔细检查口袋；对于那些容易皱的衣服，穿之前一定要熨烫平整，这样看起来才更有型。

04 三招黄金搭配，让外在更完美

"衣如其人"，服装是表达自我风格与态度的最直接方式。对于场面人来说，选择得体的服饰是塑造个人形象的第一步。这并不意味着要盲目追求名牌或奢华，而是要根据自己的身材特点、肤色、气质以及出席场合的性质来精心挑选。那么该如何做到"黄金搭配"，让自己的美貌最大限度地展现出来呢？

1. 色彩搭配，点亮整体

色彩是视觉的第一语言，巧妙的色彩搭配能够瞬间提升整体装扮的亮点。首先，你需要了解自己的肤色类型，选择能够衬托肤色、提升气色的颜色。一般来说，暖肤色的人适合穿暖色调（如红、橙、黄）的衣物，而冷肤色的人则更适合穿冷色调（如蓝、绿、紫）的衣物。

其次，学会运用色彩对比与和谐原则。对比色搭配能够产生强烈的视觉冲击，如红绿、黄紫等，但需注意比例控制，避免过于突兀。而和谐色搭配则能营造出温柔、舒适的氛围，如邻近色搭配（如浅蓝与深蓝）、类似色搭配（如粉红与桃红）等。

最后，别忘了利用配饰来点缀整体色彩。一个与服装颜色相呼应的包包、鞋子或围巾，都能让整体装扮更加协调、统一。

2．款式搭配，彰显个性

款式作为服装的骨架，无疑是展现个人风格的关键所在。它不仅关乎穿着的舒适度，更关乎整体形象的塑造和个性的传达。在选择服装款式时，我们需要综合考虑多个因素，以确保所选款式既符合自身特点，又能彰显个性魅力。

首先，身材特点是选择款式的重要参考。对于身材较为丰满的人来说，宽松、有层次感的衣物能够更好地修饰身材线条，避免过于紧绷的款式暴露身材短板。这类衣物往往通过巧妙的剪裁和层次设计，营造出轻盈、飘逸的感觉，使穿着者看起来更加优雅、自信。

而对于身材苗条的人来说，修身、线条流畅的衣物则是展现身材优势的最佳选择。这类衣物能够贴合身形，勾勒出曼妙的曲线，让穿着者散发出迷人的气质。无论是紧身的连衣裙还是修身的西装,都能让苗条身材的人更加出众。

除了身材特点,气质类型也是选择款式的重要考量。简约风格适合干练、利落的气质类型,它通常以简洁的线条和纯粹的色彩为特点,展现出穿着者的冷静、理智和高效。复古风格则更适合怀旧、浪漫的气质类型,它通过复古的元素和色调,营造出一种时光倒流的氛围,让穿着者仿佛置身于旧日的梦境之中。

前卫风格则是那些追求独特、创新品位的人的首选。它通常以大胆的设计、夸张的元素和独特的色彩为特点,展现出穿着者的个性和勇气。无论是前卫的夹克还是独特的配饰,都能让穿着者在人群中脱颖而出。

当然,最重要的是不要害怕尝试。每个人的风格和喜好都是不断变化的,只有多尝试不同的款式和风格,才能找到最适合自己的那一款。在尝试的过程中,你可能会发现新的自我,也可能会更加了解自己的需求和喜好。

3. 细节搭配,提升品位

细节决定成败,外在搭配也不例外。一个精心挑选的配饰、一个恰到好处的发型或妆容,都能让整体装扮更加精致、有品位。在选择配饰时,你需要考虑与服装风格、色彩的协调性,避免过于花哨或突兀。

同样,发型和妆容的搭配也不容忽视。一个与服装风格相符的发型,能够提升整体形象的层次感,使穿着者看起来更加时尚、有型。无论是优雅的波浪卷发,还是干练的短发,都能通过与服装的巧妙搭配,展现出不同的风格魅力。而一个精致的妆容,则能突出面部特征、提升气色，使穿着者看起来更加精神焕发、光彩照人。妆容的选择同样需要与服装风格相匹配，以避免产生突兀感。例如，简约风格的服装更适合自然、清透的妆容；而复古风格的服装则更适合浓郁、复古的妆容。

值得注意的是，无论选择何种妆容和发型，都需要保持整洁、自然。过于浓重的妆容或凌乱的发型，不仅无法提升整体形象，反而可能会让人产生反感。因此，在打造外在形象时，我们需要注重细节，确保每一个元素都能与整体风格相协调，共同营造出一种和谐、统一的美感。

外在搭配是一门艺术，也是一门学问。通过巧妙的色彩搭配、款式选择和细节处理，能够轻松塑造出令人瞩目的形象。但要记住，最重要的是找到最适合自己的风格，展现出最真实的自己。

> **场面人必修课**
>
> 外在形象的塑造是一个综合性的过程，它涉及色彩搭配、款式选择和细节处理等多个方面。通过巧妙地搭配，我们可以展现出自己的风格和态度，同时提升整体形象的美感。

第三章 驭情之术 心绪平衡

——场面人的情绪管理

如果你都没有意识到它,你是无法治愈它的。而且那些你没有真正意识到的,会一直从内心深处控制你,逐渐溃烂,并不断摧毁你和周围的一切。

01 一句懂我，胜过千言万语

生活中，我们常常对欲望存在诸多误解，总认为是欲望引发了冲突，而冲突又导致了痛苦，因此应该改变自己来避免这些问题。

但事实上，情况并非如此。痛苦并非源于欲望本身，而是源于缺少情感的联系。欲望并非需要被满足，而是需要被理解。正如列夫·托尔斯泰所言："你不是我，怎知我走过的路，心中的苦与乐。"通过换位思考，实现共情，愿意设身处地为对方着想，才能最大限度地避免痛苦。

1998年，美国某城市发生了一起严重的劫持事件。三名持枪匪徒闯入了一套公寓，劫持了一名女性作为人质。当地警方迅速赶到现场，但面对情绪激动的绑匪和无辜的人质，他们陷入了困境。此时，警方决定请出经验丰富的谈判专家克里斯前来协助。

克里斯是一位经验丰富的联邦调查局谈判专家，接到任务后，他立即赶往现场，与绑匪进行对话。

起初，绑匪听到对面是谈判专家克里斯，都对他嗤之以鼻，拒不合作。可后来，他们不得不承认克里斯说中了他们的心事。

克里斯说："我知道，你们可能担心一旦打开门，我们会冲进来向你们开枪。但请相信我，我不会让那样的事情发生。我只是想和你们聊聊，找到一个和平解决的办法。"

克里斯不断地这么说着，用共情的话语安抚劫匪，让他们感受到被理解和被尊重。经过长达6个小时的漫长谈判，绑匪们的情绪终于稳定下来。他们开始意识到自己的错误，并愿意接受警方的逮捕。

在事后接受采访时，绑匪们对克里斯表示了深深的感激之情。他们说："我们本不想被抓，也不想死在枪下。是你的话让我们平静了下来，让我们意识到自己的错误。你让我们感受到了被理解和被尊重，这是我们在生活中很久没有感受到的。"

克里斯的成功得益于他强大的共情能力。他能够站在绑匪的立场上思考，理解他们的感受和需求。这种能力不仅让他能够成功地解救人质，还让他在职业生涯中多次化解危机，成了一名备受尊敬的谈判专家。

心理学家研究发现,"共情"构成了沟通的核心要素。两个天性迥异、家庭背景不同、成长经历千差万别的人,之所以能超越个人限制,实现换位思考,理解对方,关键在于他们具备"共情"的能力。

在一家精神病院里,有一位精神病人,他总是把自己当成一个蘑菇,于是就没日没夜地蹲在角落里,一连几天不吃不喝,就像是个真正的蘑菇一样。他很需要被治疗,但是医院里的医生都拿他没有办法。他们对这个病人重复说着:"你不是蘑菇啊,赶紧起来吧。"重复到对着病人发火,甚至还会过去伸手用力拽他起来,但这个病人却无动于衷,还是一动不动地蹲在那里,做个蘑菇。

直到有一天,来了一位新的心理医生。他为了拯救这个病人,做了一个让别人瞠目结舌的举动,他也撑了一把伞,静静地蹲坐在病人的旁边。

起初,人们都觉得很奇怪,难道医生也疯了?直到最终,人们才得知心理医生的良苦用心。

幻想自己是一个蘑菇的病人很奇怪地问心理医生:"你是谁呀?你为什么也蹲在这里呢?"医生回答:"我是一只蘑菇啊。"病人点点头,继续做他的蘑菇,而他的医生也是一脸平静地陪伴在旁边。一段时间过去了,他们谁都没有说话。

又过了好一会儿,医生站起来走了两步。病人不解地问:"你是一只蘑菇你怎么能动呢?"

医生说:"蘑菇是可以动的啊。不信你也来试试。"病人果不其然站起身子也模仿医生的样子走了一大圈。他说:"哦,原来做蘑菇也可以动啊。"

没多久医生开始吃饭,病人就问:"你怎么可以吃饭啊?"医生回答:"不吃饭蘑菇怎么能长大呢?长期不吃饭我们是会死掉的呀。"病人点点头,也模仿着医生的模样吃起饭来。几周之后,这个病人被治愈了,他终于可以像个正常人一样生活了。

共情既非易事,亦非难事。当他人遭遇困境时,只需我们蹲下身来,设身处地地从对方的角度出发去考量,并寻找最合适的途径给予援助。以他人的视角审视问题,通过换位思考是解决问题的最佳途径。唯有掌握共情,我们才能触及他人内心的柔软之处,并结合自身的善良本质,为他人提供切实有效的帮助。

场面人必修课

要建立舒适且安全的人际关系,掌握共情技巧是至关重要的一步。遇到冲突时,不如试着先理解对方,不要让情绪上头。

02 从心出发，场面人背后的温柔

> 悲他人之悲，喜他人之喜，这就叫作同理心！

"同理心"这个概念，最早是由人本主义大师卡尔·罗杰斯提出的。在心理学上，同理心是指能够体会他人的情绪和想法、理解他人的立场和感受，并站在他人的角度思考和处理问题的能力。对于许多成功人士来说，同理心在他们迈向成功的旅途中起着举足轻重的作用。简而言之，同理心就是我们日常所说的换位思考、推己及人的方法。

身为著名的哲学家，孔子曾说："己所不欲，勿施于人。"他强调，我们不应该要求别人做我们自己都不愿意做的事情，要设身处地考虑对方的感受和需要，以避免给他人带来伤害或不便。这种换位思考的能力，正是同理心的核心所在。

孔子的许多行为和教导都体现了这种同理心。据《论语》记载，孔子在参加葬礼时，从未吃饱过。因为他认为，丧礼是表达哀思和尊重逝者的重要方式，所以，为了体现他对逝者和逝者家人的深切同情和理解，孔子选择了这种做法。

此外，孔子在遇到穿丧服的人、穿戴官帽礼服的人和盲人时，都会表现出极大的尊重和理解。即使这些人很年轻或者与他关系并不亲密，他也会挺背振作身体，快走几步以示敬意。他认为，每个人都应该得到尊重和理解，无论他们的身份和处境如何。

孔子不仅是一个伟大的思想家和教育家，还是一个热爱音乐的人。然而，当他在参加葬礼或听到伤心事时，都会停止唱歌。这是因为孔子能够深刻地感受到他人的哀伤和痛苦，他不愿意在他人悲伤的时刻去享受自己的快乐，这正是同理心的一种体现。

大多数社会研究者认为，同理心对于个人与群体的存续至关重要。成年人拥有同理心是理所当然的，正是出于同理心，我们才会照料子女、援助所爱之人以及拯救身处困境的人。然而，研究显示，人类从出生的那一刻起就已经具备了同理心，例如，婴儿会向家庭成员提供慰藉。当父母遇到困难时，孩子会很快地感应到情绪波动，并且试图化解。因此，时刻保持一颗同理心，学会换位思考，理解他人的处境和心情，是每个人都要会的事情。

小汤近期在职场上受到了挫败，在年终考评中，她只获得了"良"。这让她心生烦恼，决定向心理咨询师求助。

在心理咨询师面前，小汤详细描述了自己的困扰，她认为自己一向对工作勤勤恳恳，怎么会只有一个"良"呢？听完小汤愤慨的讲述，心理咨询师沉默不语，温柔地问她："你觉得老板评价得不公平，认为自己应得'优'？"小汤点头确认。

咨询师接着问："工作中，你更关注任务本身，还是老板的意图？"小汤毫不犹豫地回答："当然是工作。老板的想法不一定全对，要只按老板的意思来，工作可能会出错啊。"

咨询师笑了："职场中，理解老板意图同样重要。如果你只顾工作，忽视老板意见，他就会觉得你不尊重他，可能给你制造障碍。"见小汤认真倾听，咨询师进一步举例："设想你是老板，有两个员工，一个虽主动工作，但总不听指挥；另一个则完全理解你的需求，按你的要求行事。你更喜欢哪个？"

小汤不假思索地说："后者。"咨询师点头："对，工作能力和理解老板意图都是职场必备。希望这次对话能让你有所启发。"小汤恍然大悟，点头表示赞同，随后满意地离开了咨询室。

《天才在左，疯子在右》里说："想看到真正的世界，就要用天的眼睛去看天，用云的眼睛去看云，用风的眼睛去看风，用花草树木的眼睛去看花草树木，用石头的眼睛去看石头，用大海的眼睛去看大海，用人的眼睛去看人。"

拥有同理心的人，无论自己有没有经历过，都会试着从对方的角度去理解并尊重。这样的人，到哪儿都吃得开，所以会拥有成功的人生。

> **场面人必修课**
>
> 真正的关怀不仅仅停留在表面的同情和怜悯上，更要深入他人的内心世界，理解他们的感受和需求。只有这样，我们才能建立起更加和谐、融洽的人际关系。

03 尴尬时刻，是困境也是出口

> 只要我不觉得尴尬，尴尬的就是别人。

> 不怕尴尬，真是好心态啊！

每个人都经历过尴尬，每个人也都害怕尴尬。尴尬与我们在人际交往中的体验紧密相连，当我们不慎说错话、做错事，或因某种原因显得与众不同时，尴尬的情绪便会浮现。这种情绪让我们感到不自在，甚至可能激发自卑感和焦虑等消极情绪。在尴尬的时刻，我们可能会感觉被孤立、被边缘化，就像陷入一个难以摆脱的窘境。

然而，尴尬并非是不好的事情，如果我们能够恰当对待，它也可能成为我们成长和转变的契机。

爱因斯坦第一次来到纽约时，穿着一件又破又旧的大衣，然而，他却不当一回事，穿着它在大街上游走。

有一次，一位老朋友看见了爱因斯坦，嘲笑他的衣服："你看你的大衣，又破又旧，换件新的吧，怎么说你也是知名人物呀！"

当时，爱因斯坦的这位老朋友身后站了许多同事，听到朋友的嘲笑，同事们哈哈大笑，场面一度十分尴尬。爱因斯坦却笑着自嘲道："没关系，没关系。我刚来到纽约，这儿没有人认识我。"

直到几年后，爱因斯坦和他的相对论都已声名远播。巧的是，爱因斯坦又和他的那位朋友在街上相遇了。更巧的是，爱因斯坦还是穿着那件"又脏又破"的大衣。这一次，爱因斯坦不等朋友开口，便自嘲道："这次更不用买新大衣了，全纽约的人都已经认识我了。"

这一次尴尬的人，换成了爱因斯坦的那位老朋友了。

我们要意识到，尴尬是一件避免不了的事情，但其实，根据情绪发展理论，尴尬是一种社会情绪，它的发展伴随着自我意识的出现。当我们身处在社会之中，我们的行为是可以被他人所观察和评估时，我们便会去自我监控来确保自我的行为是符合常规的、被接受的。例如，一个小孩跌倒被嘲笑了，那么从此他会把"跌倒"看作是一个尴尬的事情。简而言之，"尴尬"是一种被社会规训的情绪。我们要做的，是"化解"尴尬，而不是"避免"尴尬，甚至"消灭"尴尬。

小张是一所大学的毕业生，来到某企业面试。整个面试过程进行得异常顺利，从自我介绍到专业技能展示，小张都表现得从容不迫，赢得了面试官们的初步认可。

然而，就在面试即将结束之际，一场突如其来的"小插曲"打破了原有的平静。一只壁虎不知何时悄悄爬上了小张的裙子，这突如其来的景象让坐在小张旁边的一位女生吓得嗷嗷大叫，连忙起身躲避，完全失去了原有的镇定。面试官们的眉头也不由自主地皱了起来，现场气氛一时变得十分尴尬。

面对这突如其来的"挑战"，小张深吸一口气，努力让自己保持冷静。她心里不停地默念："没那么尴尬，没那么尴尬。"同时，她礼貌地请旁边一位看起来比较胆大的面试者帮忙将壁虎拿掉。在整个过程中，小张始终保持着淡定的微笑，仿佛这件事情从未发生过一样。

处理完壁虎后，小张重新坐回座位，继续之前的面试流程。她的冷静与从容给面试官们留下了深刻的印象。

面试结束后，小张被告知自己被录取了。原来，面试官们认为，在面对突发情况时，小张能够迅速调整心态，保持冷静，这种心理素质正是他们企业所需要的。而那位因为壁虎而大惊小怪的女生，则未被录取。面试官给出的理由是，她遇事慌乱，缺乏必要的心理素质，这与企业的职业要求不匹配。这场面试，不仅是对小张专业技能的考验，更是对她心理素质的一次全面评估。小张用她的实际行动证明了自己是一个值得信赖的团队成员。

尴尬是一种多维度且复杂的情绪体验，其深层次的原因广泛，涉及个体的自我评价、过往的童年经历以及固有的性格特点等多个方面。尽管尴尬情绪会给我们带来一定程度的不适感，但它同时也是一种富有深刻意义的情感体验。当我们深入探究尴尬产生的根源时，便能够更有效地应对各种尴尬情境，进而增强自信心，以更加坦然的态度去面对生活中的种种波折与变化。因此，我们无须畏惧尴尬，而应勇敢地直面它。当尴尬情绪来临时，我们可以尝试转换视角，以全新的眼光去审视它，或许这样做会给我们带来意想不到的启示与收获。

> **场面人必修课**
>
> 有时候，我们容易感到尴尬，可能是因为过度关注自身，又或者是共情能力高。但当我们勇于直面尴尬，而不是逃避或否认它的存在时，就能从中获得力量。

04 正确道歉的方式比道歉更重要

> 你的道歉方式让我很认可，我接受了！

> 相如老弟，对不起！

　　道歉是一种人与人之间非常特别的互动方式，它被称为"人与人之间能够进行的最深刻的互动"。但在这个世界上，有些人偏偏是 Non-apologists（不会道歉的人）。哪怕只是犯了一个很小的错误，从他们口中说出"对不起"三个字都异常艰难，要在内心经历一场大战，往往对于越亲密的人越是如此；即便他们心里明白自己做错了，却因为无法说出口而尴尬收场；有时候，他们好不容易说出了口，却被对方觉得是虚情假意。对

> 于场面人而言，道歉也是一门艺术，且道歉的方式比道歉本身更重要。

战国时期，廉颇和蔺相如同为赵王的大臣，廉颇是久经沙场、战功赫赫的老将；而蔺相如则是舌战群雄，多次为赵国化解危机的谋士。

由于蔺相如帮赵王向秦国索回了和氏璧，赵王十分高兴，封他为上卿，职位竟比廉颇还要高。出于嫉妒，朝廷中的许多人都怂恿廉颇，说蔺相如的坏话。而廉颇相信了这些话，十分愤怒，他扬言要羞辱蔺相如。

后来，蔺相如凭借一番所作所为让廉颇认识到了自己的错误。廉颇如同被当头棒喝，心中顿时醒悟。他意识到自己的狭隘之心差点误了国家大事，遂决定向蔺相如请罪。于是，廉颇脱下战袍，背上惩处罪人用的荆条，由宾客引着来到蔺相如的府上。见到蔺相如后，他恭敬地跪下，表示自己的歉意和悔过之心。这就是历史上赫赫有名的"负荆请罪"。

在生活中，难免会有误会和冲突。但只要我们能够勇于承认错误，真诚地向对方道歉，就能够化解矛盾，增进彼此之间的理解和信任。

当我们犯下一些非常严重的错误时，道歉会变得更难。我们可能会反复在心里觉得："我已经犯了弥天大错，道歉还有什么用呢？"于是，在对方最需要解释的时候，你却在恐慌的压迫下，不说一句话就离开。还有的人会在长期的关系和相处中延续这种模式，对待任何需要自己道歉的环境都选择不承认、反驳或者不回应，这会给彼此关系带来非常负面的影响。

但其实，这都是错误的心理。诚挚地道歉，是一件说起来容易做起来难的事情。因为我们通常会觉得，说出"对不起"这三个字，是件特别尴尬的事。而为了降低自己的尴尬感，道歉的时候，人们就很容易陷入三个误区，致使被道歉的人接收不到我们的歉意。最后两个人渐行渐远，再也回不到开始。

张薇最近和丈夫吵了一架。原因是在结婚纪念日的那天，他们夫妇二人把孩子送到了父母家里，打算过一个久违的二人世界。然而，就在这样一个关键时刻，张薇的丈夫却决定去参加一个同事的５０岁生日聚会。

尽管张薇心中不愿，但她还是勉强点了点头，希望丈夫能尽快回来。然而，一个小时过去了，两个小时过去了，直到半夜，他才回到家中。

张薇满心愤怒，她生气地看着丈夫，问道："你怎么这么晚才回来？"张薇的丈夫却说："对不起，我回来晚了。但你知道，我有时也需要放松一下。"

张薇看着他，眼中闪烁着泪光："你只知道你自己，你考虑过我的感受吗？我等你等到深夜，你却这样对我？"她的丈夫叹了口气，试图解释："我当时只是想出去透透气，而且我觉得你有点儿无理取闹了。我有权利外出，不是吗？"

那一刻，张薇的心彻底凉了。也因此，她气得回了娘家。

《有效道歉》一书中说："我们不愿道歉，除了不愿意让自己因丢失防御而感到脆弱，另一方面则是担心道歉并不能收到理想的回应。"但其实，只要道歉的方式是真诚的，用心的，那么道歉就不会出现问题。有些人之所以不会道歉，是因为他们没有理解对方，做到共情，这样就导致他们说出的"对不起"心不甘情不愿，反而更像是戳人心的刀子。所以，我们需要足够的真诚和共情，才能让道歉的方式容易被接受。

场面人必修课

真正的道歉不仅仅是言语上的表达，更是心灵深处的理解与共鸣。学会道歉这门艺术，是至关重要的事情。

05 直面冲突,在恐惧中生出力量

在生活与工作中,冲突似乎总是如影随形,难以完全避免。不论是与职场上的同事、生活中的朋友,还是亲密无间的家人,我们都有可能因为观点的差异、利益的冲突或期望的不一致而陷入分歧与争执的旋涡。然而,面对这些冲突,许多人心中往往充满了恐惧与不安,生怕它们会成为破坏关系、激化矛盾的罪魁祸首。但事实并非如此,冲突本身并非全然负面,关键在于我们采取何种态度与方式去应对它。

靖康元年，金军攻破北宋都城东京，俘虏了宋徽宗在内的众多皇室成员和官员，这段屈辱的历史就是"靖康之耻"。

到了第二年，宋徽宗的第九子赵构在南京应天府即位，重建宋朝。对于汉族百姓而言，赵构无疑是他们崭新的希望。"收复北宋，迎回二帝"也成了许多人的口号。

然而，在这种时候，赵构却害怕与金人再次起冲突，导致自己得来不易的皇位丧失。他面对金国的威胁，一方面任用岳飞、韩世忠等主战派将领抗击金军，另一方面又重用主和派的黄潜善、汪伯彦、秦桧等人，一味求和。

最后，赵构竟然与敌对的金国达成了"绍兴和议"，还杀了岳飞，让想要收回失地的百姓们大失所望。赵构更是在历史上被认为是"傀儡皇帝"，受尽后人的辱骂。

冲突是生活中不可或缺的一环。我们必须认识到，每个人心中都有独特的想法与坚守的立场，当这些想法与立场相互碰撞时，摩擦与分歧便应运而生。这并不意味着其中一方必然错误，或是另一方有意挑起事端。相反，冲突常常为我们提供了一个契机，让我们得以更深入地洞察彼此，发掘潜在的问题，并共同探寻更为妥善的解决方案。所以，不要害怕冲突。如果我们能够鼓起勇气直面冲突，积极主动地寻求解决之道，我们就能够在这一过程中学会如何更加高效地与他人沟通、协商与妥协，进而实现个人与关系的双重成长。

张强在岗多年，但却一直都只是一名庸庸碌碌的小员工。这与他爱逃避冲突的性格脱不了关系。

张强刚入职时，有一次，他和一名前辈被分到一组做汇报。前辈告诉张强："汇报是很重要的事情，关乎到你的年终考评，所以你必须好好做。"张强因此熬了三天的夜，终于整理出一份不错的报表。

然而，就在开会前，前辈却对张强说："你资历太浅，还是我来说吧。"就这样，前辈代替张强站上了讲演台，完成了汇报。而老板也自然而然地认为是前辈完成了这么出色的报表，对他进行了褒奖。张强作为出力的"牛马"，反而什么也没得到。

别的同事都替张强打抱不平，让他告诉领导实情。然而，张强却害怕因此和前辈起冲突，丢了自己得来不易的职业，于是一避再避。到了后来，同事们都把张强当成任人所用的"老好人"，无论什么忙都让他帮，却不表示诚挚的感谢。张强又吃苦，又不讨好，最后就在公司庸庸碌碌了一辈子。

很多时候，对冲突的畏惧可能会让我们错失诸多成长与提升的机会。当我们选择对冲突避而远之时，我们也就无法精准地找到问题的症结所在，也无法采取切实有效的措施来化解矛盾。

因此，勇敢地面对冲突，也是自我强大的一种体现。那些不怕冲突的人，本质上是内心强大，不怕被流言蜚语干扰。冲突是一种心理上的催化剂，有时能帮我们缩短和对方的心理距离，试探别人的底线，还有可能帮我们拿到我们需要的信息、知识、情感支持乃至资本。

从小我们的文化背景就教导我们要谦逊、随和、友爱、礼让，但很多时候我们的教养和善良，却很容易让别人有机可乘。其实，有时候冲突反而会让我们和对方达成一致，甚至还可能给我们一个向他人学习的机会，让我们找到一些真相，或纠正错误信念。冲突甚至有可能让别人对我们产生深刻的印象，这无疑是一件好事。

> **场面人必修课**
>
> 面对冲突，我们要保持冷静与理智，勇于表达自己的观点，同时也要倾听他人的声音。通过有效的沟通与协商，我们可以化解矛盾，增进理解，从而建立更加和谐的人际关系，达到我们的目的。

06 划清边界，要有拒绝的勇气

"君子有所为，有所不为。"这个"不为"，就是拒绝，意思就是当别人有所求而自己无能为力的时候，就要果断拒绝别人，让他试着向别人求助；当自己的合法权益受到侵害时，也可以行使拒绝的权利。

但是，如何拒绝他人是一件困难的事情，拒绝好了，不影响交情，拒绝不好，严重的可能会绝交。在别人百般请求时，做到既不伤害其自尊，也不让自己为难，才是婉拒他人的完美艺术。

我国著名书法家启功先生，以其深厚的书法造诣和谦逊的人格魅力，在书法界乃至社会各界都享有极高的声誉。他的家门，几乎每日都是门庭若市，来自四面八方的书法爱好者、学者、收藏家乃至普通民众，纷纷慕名而来，向他求学、求教、求字、求书。面对络绎不绝的访客，启功先生总是以他那特有的幽默与谦逊，尽可能地满足大家的需求。

然而，人的精力毕竟有限，面对如此众多的来访者，启功先生也时常感到力不从心。他常常自嘲道："我真成了动物园里供人参观的大熊猫了。"这既是对自己忙碌生活的调侃，也透露出他对来访者热情接待背后的无奈与疲惫。

有次，启功先生不幸卧病在床，身体极度虚弱，根本无法接待来访的客人。他深知，如果此时还让访客进门，不仅无法给予他们应有的接待和回应，还可能因自己的身体状况而影响到他们的心情和期望。于是，启功先生便想出了一个既幽默又明确的方式，来拒绝来访者。

他亲自在门口贴了一张纸条，上面写道："熊猫病了，谢绝参观；如敲门窗，罚款一元。"这张纸条，既体现了启功先生的幽默感，又以一种轻松的方式，向访客传达了一个明确而坚定的信号：我现在身体不好，无法接待你们，请你们不要再来打扰我了。这样的拒绝方式，既避免了直接拒绝可能带来的尴尬和冲突，又让访客能够理解和接受。

不会拒绝，就会在工作中职责不清，让自己更加左右为难。一件工作本是别人的责任，自己做久了，在别人看来自己就是责任人了，还会要求自己继续做下去。有的时候，迫于压力也可能让人无法拒绝，例如分配事情的人过于强势，这样的压力和恐惧心理，一时间想不出拒绝的理由，长此以往也就形成了逆来顺受的心理。但我们为什么要成为这种"老好人"，让别人对我们颐指气使呢？所以，划清我们与别人的边界，学会拒绝，是很重要的。

小王在公司里是公认的"老好人"，他心地善良，总是乐于助人，不论是谁向他求助，他都会毫不犹豫地伸出援手。然而，这种乐于助人的性格也给他带来了不少困扰。同事们常常将一些不属于他工作范畴的事情交给他去做，甚至有时会因为帮助他人而耽误了自己的工作进度。

小王不懂得拒绝，总是担心自己的拒绝会伤害到别人，或是影响到同事之间的关系。但长此以往，这种不懂拒绝的行为不仅让他自己感到疲惫不堪，经常需要加班加点才能完成工作，还严重影响到了他的职业发展和工作效率。

除了在工作中，生活上小王也是一个不懂得拒绝的人。有一次，小王的表哥要参加婚礼，为了装面子，表哥要借走小王新买的爱车。小王虽然知道表哥的车技并不娴熟，但还是不懂拒绝，勉为其难地将车钥匙交给了表哥。结果，表哥出了事故，小王的车受损严重。

在生活中，有些人因为害怕得罪别人，往往不敢开口拒绝。然而，有道是，有所不为才能有所为。这个"不为"，也可以引申为"拒绝"。人们常常以为拒绝是一种迫不得已的防卫,殊不知它更是一种主动的选择。

俗话说,人善被人欺,马善被人骑,太过善良容易被人欺压,必要时,该硬气就硬气起来,要学会拒绝他人的请求,自己才能过得舒服一些。

场面人必修课

拒绝就是拒绝,千万不要犹豫,尤其是那些自己根本做不到或者根本不愿意做的,直接开口拒绝就好。

07 争辩之外，场面处理的艺术

> 你为什么要拿着铃铛?

> 因为我不想和别人多说废话。

老子曾说过："夫唯不争，故无尤。"意思就是说，我从不与人争论，所以无忧无虑。然而，人活于世，难免不与人争辩。争成败，争得失，争高低，争是非。由此困扰在纷纷扰扰的藩篱中。但其实，任何人都赢不了争论。当你争的时候，你已经输了，别人的内心秉持的观点并不会因为你争赢了而改变，最后无非是"无效输出"，白白浪费口舌，还会搞砸二人关系。

苏轼的《艾子杂说》中有这样一则故事：有个商丘人，虽不通事理，但喜欢与人论短长。他问艾子："大车下和骆驼脖子上，为何要挂着铃铛？"

艾子回答："是为了夜晚行车的时候，提醒路人避让。"

他又问："高塔上也挂着铃铛，也是为了提醒路人避让吗？"

艾子又答："是为了不让鸟儿在塔上筑巢，避免鸟粪把塔弄脏。"

他再问："猎人的鹞鹰尾巴下也挂着铃铛，也是为了不让鸟儿在鹞鹰尾巴上筑巢吗？"

艾子再答："是为了提醒猎人，鹞鹰脚下的绳子被树枝缠住的时候，能够及时赶去解救。"

他最后问："挽郎手中也摇着铃铛，也是怕缠在树枝上吗？"

艾子最后答："挽郎给死人开路，或许这个死人生前总喜欢与人争辩，所以摇铃让他最后再乐一下。"

可见，总是喜欢争辩吹嘘的商丘人，最后被幽默的艾子喻为死人，看似风趣，实为受辱。生活中，喜欢争辩吹嘘者，比比皆是，然而真理与正道，靠的不是争辩和吹嘘，而是实践和静修。拥有大智慧和真知灼见的人，看起来好像很迟钝，是因为其深知"水深流缓，人贵语迟"的道理。这样的人，不显山不露水，不争辩不吹嘘，说话谨慎、做事踏实，是真正的大音希声、大智若愚。少争辩，重实修，才会明白事理、增厚美德。

有一句话说：世界上最愚蠢的行为，就是不停给人讲道理。每个人的认知其实都是由一连串概念组成的，但是人与人之间的认知是不同的。比如我们过年回到家，有些家长会"催婚"，有些则会催着"买房子"，等等。其实，大家对人生、对成功、对婚姻、对事业的评判标准都不一样，也就是三观不同。既然道不同则不相为谋，又何必多费口舌呢？

辛鑫作为家里独生女，成绩还算不错，很受父母宠爱，因为极度宠爱而变成极度溺爱，变成一个盛气凌人的女孩子，她也是宿舍中零花钱最多的，性格最任性、最强势的。

比如，她跟室友讨论问题："你们说得不对，我的观点才是最正确的。"大家引经据典，驳斥得她哑口无言后，没过几天，她又会找到一堆理由继续争辩："你们别以为团结起来就能欺负我，事实胜于雄辩，一群手下败将，我永远都不会输！"

再比如，她不是寝室长，遇到别人值日时她就说："你们怎么不打扫卫生，真脏，在家里都这么懒吗？"但是轮到她自己值日时她会说："我今天值日，你是不是昨天故意不扫地，让我今天干活儿？"室友说："地也不脏，扫什么，灰还大。"这也堵不住她的嘴："我告诉你们，今天谁也别把地弄脏了，故意找老娘的碴儿，老娘才不扫！"

但凡遇到任何问题，辛鑫都想把罪过赖在别人头上，实在赖不掉的，就直接追究到都是别人的错为止，而自己好像从来就没有错似的。打扫宿舍卫生，也从来都是她指挥却不亲自动手。

辛鑫这种人，在很多人看来就像一个被迫害妄想症患者，总把自己看成或是装扮成受害者,张口闭口都是别人故意合起伙来"欺负"她。久而久之,宿舍中没有人再搭理辛鑫,她出现的地方总是笼罩一层乌云,所有人都沉默了。

两虎相争,必有一伤。争吵得越凶越没有用,伤人伤己还伤感情。此时最聪明的做法就是不争辩,懂得彼此放过,懂得以微笑面对,实则也是给自己留一方清静。泰戈尔说过,"当一个人微笑时,世界便会爱上他"。所以,当争辩到来之际,不如转而为微笑,化解争辩的危机吧。

场面人必修课

再怎么鼓弄唇舌,都不如理解且尊重。世界上没有两片相同的叶子,再怎么争辩,都无法让别人从心底信服。

08 魔法三步走，告别情绪失控时刻

在如今，"情绪稳定"是人人都向往的心态。在很多人的印象中，拥有稳定的情绪，不以物喜，不以己悲是一个让人羡慕的事情。在企业中，管理者和员工都需要做一个情绪稳定的人，这样才是大有裨益的事情。

哈佛大学曾通过多年的研究总结，发表了一套逻辑图。其中一张图里明确地指出：情绪与幸福有着很大的关联。当你生气的

时候，如果处理不好，你就会陷入"生气—愤怒—报复"的恶性循环。就像心理学上的"踢猫效应"，当我们把不满的情绪传递给身边的人，就会产生一系列恶性的连锁反应，到头来，伤人又伤己。

情绪是一把枪，当我们扣动情绪的扳机，枪口其实是对准了自己。生活中，谁都会遇到不如意的事情。有人为一些小事纠缠不休，微不足道的口角，最后演变成拳脚相向；也有人遇到急事就心态爆炸，让一点点小事，最后酝酿成了一场性命攸关的灾难。然而狂怒过后，一切的后果终究需要自己来承担。

虽然我们不能决定遇到的一切，但是我们可以决定自己选择什么样的情绪。那么，要怎么做才能管理好自己的情绪呢？

1．延迟情绪发作，想发脾气时先忍个 12 秒

美国情绪管理专家罗纳德博士说过，"暴风雨般的愤怒，持续时间往往不超过 12 秒钟，爆发时摧毁一切但过后却风平浪静，控制好这 12 秒，就能排解负面情绪"。如果在每次发火前，我们能平静 12 秒钟，想要爆发的欲望就小了很多。通常这个时候，你就可以开始理性思考了，而不是完全被情绪左右。只需要 12 秒，你就会庆幸，因为及时地自我控制，避免了一场无法估量的损失。

2．运动 30 分钟

大量科学研究表明，运动能改善调节情绪。《赫芬顿邮报》就曾发表过一个"情绪——运动表"：压力太大时，做瑜伽放松身心；悲伤的时候，在水里放空自己；焦虑时，随着音乐起舞。当酣畅淋漓地运动完以后，你就会发现，那些负面情绪早已随着

汗水蒸发，最后消失不见。

3．写作 60 分钟

作家沈从文是出了名的"好脾气"，他性格淳朴，仁厚宽容，不论什么坏情绪都不能影响到他。他尤其喜欢写作，是一位高产作家，他把他的写作称作"情绪的体操"。不管什么样的情绪，他都能融入他的写作中，将其巧妙地锁在文字里。

一位知名大学心脏学系主任经历濒死的绝境后，总结了两条简单的处世方法，读来发人深省：守则一，别为芝麻小事耗力气；守则二，所有事情都是芝麻小事。

梁实秋曾说："血气沸腾之际，理智不太清醒，言行容易逾分，于人于己都不宜。"放纵自己的情绪，它就一定会以最痛的方式来惩罚你。关于如何处理情绪，通常可以将人分为两种：一种是被情绪支配的人，他们只能任由自己沦为弱者，让生活滑向无底的深渊；而另一种则是能主导情绪的人，这样的人，即便是面对流言蜚语，他们也能平和地与这个世界相处。

《情绪可控力》一书里写道："情绪，不过是对周围环境的反应，你看见怎样的环境，就会表现出怎样的情绪。"所以，遇到问题时，千万不要先急着发火。努力让自己平静下来，懂得控制情绪，才是一个人成熟的开始。

其实，人都有情绪，一旦做出了错误的决策并付诸行动，再想修改就来不及了。沟通的目的是解决问题，如果在情绪冲动时做了决策，问题不但得不到解决，可能还会被弄得更糟。因此，学会情绪管理，才能为自己带来成功的人生。

> **场面人必修课**
>
> 　　在面对情绪波动时，先学会忍耐１２秒，让理智回归，避免冲动行事；其次，可以适当运动３０分钟，让身体与心灵一同释放，负面情绪随汗水流走；最后，试着投入６０分钟于写作之中，以文字为媒介，寻找情绪的出口与平衡。掌握这三招，让情绪稳定成为你的场面标签。

第四章 人脉高手 制胜之道

——场面人的人际关系

成功的第一要素是懂得如何搞好人际关系。

01 场面人 × 人脉价值＝成功公式

在美国好莱坞流行着一句话："一个人是否成功，不在于你知道什么，而在于你认识谁。"人脉是一个人通往财富和成功的入门票，人脉网络越广泛，所能接触到的资源和信息就越多，也就能提供更多的发展机会和成长空间。

作为三国时期蜀汉的开国皇帝，刘备的成功离不开人脉的积累。在少年时期，刘备就展现出了与众不同的好人缘。他虽出身贫寒，但得到了叔父刘元起的资助，这使得他有机会接受更好的教育。正是在这样的背景下，刘备拜到了同郡的名家大儒卢植门下，这也影响了刘备的一生。

卢植是东汉末年的著名学者和官员。他不仅学识渊博，而且为人正直，深受士人的尊敬。刘备在卢植门下学习期间，不仅系统地学习了儒家经典和治国方略，还受到了卢植的言传身教，这对他后来的政治和军事生涯产生了深远的影响。

通过拜卢植为师，刘备不仅收获了师承，还借此机会提高了自己的名望和地位。卢植的弟子众多，其中不乏后来成为朝廷重臣或地方豪杰的人物。刘备作为卢植的弟子之一，自然也得到了这些同门师兄弟的认可和尊重。这为他日后在乱世中建立自己的势力奠定了坚实的基础。

在卢植门下学习期间，刘备还结交了一个重要的朋友——公孙瓒。公孙瓒是辽西令支（今河北迁安）人，出身贵族家庭。他年轻时便以勇猛善战著称，后来成为东汉末年的一方诸侯。

刘备与公孙瓒的结交，可以说是志同道合、相互欣赏的结果。两人都怀有远大的志向和抱负，都希望在乱世中建立自己的功业。在卢植门下学习期间，他们经常一起讨论时事、交流心得，逐渐建立了深厚的友谊。

在刘备事业起步时，公孙瓒给予了他不少扶持和帮助。后来，刘备在幽州地区发展势力，公孙瓒不仅提供了物资和兵力的支持，还亲自率军协助刘备平定叛乱、稳固地盘。这使得刘备能够在短时间内迅速壮大自己的势力，为后来建立蜀汉政权奠定了坚实的基础。

刘备还通过人脉关系，结识了许多志同道合的朋友和合作伙伴。他们共同为刘备的事业发展出谋划策、贡献力量。这些人脉关系的建立和维护，对于刘备最终建立蜀汉政权、实现自己的政治抱负起到了至关重要的作用。

激励大师安东尼·罗宾曾说："人生最大的财富便是人脉关系，因为它能为你开启所需能力的每一道门，让你不断地成长，不断地贡献社会。"人类是社会性动物，从来不能独善其身，奋斗的路上必须结伴而行。所以，要想成功，必须借助人脉的帮助与协作。人脉是所有社会资源的核心所在，要想获得成功，就必须更广泛地调动和利用好你的人脉。

李明今年刚刚毕业，进入了一家小型科技公司工作，担任技术支持的职位。虽然工作努力，但李明一直觉得自己在这个领域里缺乏突破性的机会。

有一天，李明在参加一个行业内的技术交流会时，偶然间与一位名叫张总的行业大佬聊了起来。张总是某知名科技公司的创始人，拥有丰富的行业经验和资源。李明知道，自己的机会来了。

李明借着这次机会，开始和张总交谈。很快，李明的才华和潜力打动了张总，他十分赞赏李明。会议结束后，李明主动和张总加了联系方式。

从那以后，张总与李明保持了密切的联系。他不仅为李明介绍了许多行业内的专家和前辈，还邀请他参加了重要的行业活动和会议。在这些场合中，李明不仅学到了许多宝贵的知识和经验，还结识了更多大佬。

渐渐地，李明开始在行业内崭露头角。他凭借出色的技术能力和广泛的人脉资源，成功跳槽到了一家更大的科技公司，担任了更高层次的职位。最终，李明实现了自己的职业梦想，成了一名在科技行业内备受瞩目的专业人士。他深知，这一切的成就都离不开当初与张总的那次偶然交谈，以及后来通过人脉关系所获得的宝贵资源和机会。

一个良好的人脉关系网不仅可以为我们提供更多的机会和资源，还可以帮助我们结识更多志同道合的朋友和合作伙伴，共同实现更大的目标和梦想。因此，建立和维护自己的人脉关系，不断提升自己的社交能力和影响力，就能为自己的未来创造更多的可能性。

> **场面人必修课**
>
> 人脉是成功路上的必需品，所以，一定的人脉价值就是场面人成功的钥匙。

02 真诚,你不可或缺的社交基石

> 要记住,真诚才是必杀技!

法国著名作家左拉说:"真诚是通往一切荣誉的道路。"对于维护人脉而言,真诚是不可或缺的。真诚的人,最后总能得到他人的信任与尊重,也就能得到更多稀缺资源。不管你面对的是怎样的人,真诚永远都是必杀技。

著名音乐家李叔同曾在一所师范学校执教,他的好友夏丏尊也在此处做舍监。有一次,学生宿舍出现了失窃事故,夏丏尊搜查了很久,证据却如石沉大海,杳无音讯。作为直接责任人,夏丏尊的内心充满了自责与焦虑。想破头也找不到小偷，只好来求助李叔同。

李叔同听后，沉默片刻，眼神中闪过一丝不易察觉的光芒，随即缓缓开口："此事看似棘手，实则不然。你若能出一张布告，声明做贼者速来自首，三日为限，若无果，则是你诚信未孚，誓一死以殉教育。此言一出，必能动人心弦，促其悔悟。"

夏丏尊闻言，心中不禁一震。在李叔同看来，诚信和决心是打动人的必杀技。他没有将失窃事件简单地视为一起治安案件，而是将其视为一个教育契机，一个引导学生反思自我、认识错误并改正错误的过程。他相信，每个人都有向善的潜能，只要给予足够的信任和引导，就能激发他们的内在动力，实现自我救赎。

爱默生说过，"相信别人，别人就会真心对待你；善待他人，他人就会尽其所能来对待你"。在人际交往中，真诚至关重要，唯有相互信任方能维系关系的长久。唯有倾注真心，方有可能收获真情的回馈，从而使得友谊在社交中得以持续且稳固地增进。真诚是个体立身处世的基石，无论一个人取得了何种成就，倘若缺乏真诚、不信任他人，就只能孤军奋战，无法赢得他人的理解、支持与信赖。以真诚之心待人，方能赢得朋友的信赖；以坦诚之态相见，才能心灵相通。

张强是一名汽车销售员，他知道在销售行业中，人脉的力量不容小觑。为了精心维护每一位客户资源，他制定了一套独特的

客户服务策略。每当接待完客户后，张强总是第一时间发送一条温馨的信息，表达对他们的感谢之情。不仅如此，他还细心地记录下每位客户的生日、结婚纪念日等重要日期，确保在这些特殊的日子里，能够亲自登门拜访，送上精心挑选的礼物，以表达他的诚挚祝福。

有一次，一位李先生在购车过程中，因为需要购买保险而提供了自己的身份证号码。张强在协助处理相关手续时，迅速而谨慎地将这个信息记录下来，但并非出于任何不正当的目的，而是为了更好地服务客户。他深知，这些看似微小的细节，正是构建深厚人脉关系的基石。

转眼间，李先生的生日到了。这天，张强手捧一束精心挑选的鲜花，准时出现在李先生的家门口。李先生开门一看，惊讶之余，脸上露出了温暖的笑容："张强，你怎么会在这里？还带了花，真是太意外了！"

张强微笑着递上鲜花，诚恳地说："李先生，今天是您的生日，我怎么能忘记呢。感谢您一直以来对我的信任和支持，这束花是我的一点心意，希望您喜欢。"

李先生接过鲜花，感动地说："张强，你的这份真诚让我非常感动。在这个快节奏的社会里，能遇到像你这样用心对待客户的销售员，真是我的幸运。以后有什么需要，我一定优先考虑你们公司。"

正是这份真诚的关怀与付出，让张强赢得了李先生的信任与尊重。不久后，李先生不仅自己再次选择了张强所在的公司购买新车，还主动向身边的朋友推荐了张强，为他带来了更多的商业机会。

真诚蕴含的力量往往超乎人们的想象，一旦拥有，它足以让人们宽容对待交往过程中的不足与失误。错误是可以纠正的，瑕疵也是可以被弥补的，然而，若一个人缺乏真诚，那么他便失去了建立交往关系的基石。因此，真诚待人，才能维护好人脉。

场面人必修课

真诚是人际交往中不可或缺的品质，学会以真诚的态度去表达，以真诚之心待人，我们才能赢得他人的信任与尊重，建立起稳定而持久的人脉关系。

03 多社交，多积累，多成就

每个人的生命中都潜藏着一座无形却亟待发掘的宝藏，那便是丰富的人脉网络。在这座宝藏中，每结识一位新朋友，就仿佛为自己开辟了一条新的财富之路。只要擅长挖掘，身边的每一个人都有可能成为你的宝贵资源。多一个友人，就多一份获取财富的机会，因此，绝不应错失与周遭每个人建立良好人脉的良机。你所遇见的每一个人，都有可能在未来成为你生命中的贵人，为你的事业提供不可或缺的助力。

乔·吉拉德是一名汽车销售员，同时，他也是一个喜欢交朋友的人。无论是在餐厅用餐、乘坐大巴，还是逛超市，他都会抓住机会向别人递上一张名片，并介绍自己："我叫乔·吉拉德，是一名汽车销售员，如果您要买车的话，就来找我！"

同事们都十分不理解乔·吉拉德的做法，对他说："你总是把钱浪费在印名片上，这样是没有用的。"

可是，乔·吉拉德却笑了，他告诉同事们："假如我的名字'乔·吉拉德'一年出现在你家十二次！当你想要买车的时候，自然就会想到我！"

乔·吉拉德还独具匠心地将名片设计成橄榄绿色，这种颜色让人联想到财富与机遇。他坚持每天一醒来就向遇到的每一个人发放名片，无论见面多少次，都会递上一张，并且执着地确保对方收下。乔·吉拉德认为，作为销售员，必须让全世界都知道"你正在销售什么产品"，并通过一次次地强化印象，使这些人在考虑购买时，自然而然地联想到"乔·吉拉德"这个名字。

后来，乔·吉拉德的"多社交推销法"果然打响了名号。成为汽车推销员的第三年，乔·吉拉德就已经卖出了343辆车，而第四年足足卖出了两倍！在之后的十二年间，乔·吉拉德成了美国通用汽车零售销售员第一名，甚至被认为是世界上最伟大的汽车销售员。

在家靠父母，出外靠朋友。多个朋友多条路，在现实中，许多成功人士都是凭借其强大的"人脉网"取得胜利的。对于普通人而言，若想在人生道路上取得成功，就必须在日常生活中注重人脉的积累，多社交，才能多为自己找到"贵人"，实现成功。

有一家皮鞋厂为了拓展业务，探索新市场，将一名叫汤姆的推销员派遣到了太平洋上的一个岛屿进行市场调研。

汤姆到达岛屿后，四处推销皮鞋，然而，他却发现岛上的居民全部是土著，从未有过穿鞋的习惯，而且岛上气候炎热，他断定这里根本没有市场，因为居民们已经习惯了赤脚行走，难以说服他们改变这一习俗。他的心情迅速跌至谷底，立刻要求公司把自己带回去。他笃定地对老板说："这个岛上没人穿鞋，你还是别做无用功了。"

汤姆的老板很灰心，但为了挽救皮鞋厂惨淡的生意，他决定再试一次。这回，他派出了皮鞋厂的金牌销售威廉，让他到那座岛上一探究竟。

没想到，威廉到了小岛后，并没有急着推销，而是每天在岛上闲逛，和每个邻居都处成了朋友。老板心急地问威廉："这么久了，你一双鞋都没卖出去，能行吗？"威廉却对老板说："我的朋友们告诉我，他们之所以不穿鞋，是因为岛上的沙石被阳光晒过之后就会很炎热，容易把鞋底磨坏。如果咱们趁机制造出特制的鞋底，他们一定会买的！"

老板听了威廉的话，马上让工厂研制出了特制的皮鞋。果然，特制鞋在岛上销量很好，皮鞋厂也起死回生。

人脉的宽度往往决定着一个人所能触及的机遇与道路的宽

广。朋友越多，意味着我们越能拥有更多的资源和信息渠道，从而赚钱的机会也自然而然地增多。对于那些渴望成就一番事业的人来说，好人脉无疑是至关重要的因素。它不仅能够为我们带来更多的机遇与资源，更是我们挖掘人生金矿、实现人生价值的必经之路。因此，我们应该珍视身边的人际关系，用心去经营与维护，让人脉成为我们成功路上的强大助力。

> **场面人必修课**
>
> 人脉是我们不可或缺的宝贵资源，多社交，就能多积累人脉。和人交往，虽然有时候很难，但一定能多给自己带一条财路。

04 好人脉也要"常回家看看"

> 闰土,常联系,我才能帮到你。

> 我尽量积极一些!

人际关系就像一把刀,不使用就会生锈。在人生的道路上,人脉资源堪称我们最珍贵的财富之一。但值得注意的是,仅仅拥有庞大的人脉并不足以确保成功,真正重要的是如何巧妙地保持并利用这些资源。定期联络,常和朋友们联系,也就保持了人脉的稳定。

闰土是鲁迅短篇小说《故乡》中的人物。在小说中,闰土和鲁迅常常在田地里刺猹,守护瓜田。在闰土身边,鲁迅经历了逮鸟雀、捡贝壳这些非常新奇和难忘的体验。

然而，随着时间的推移和社会的变迁，鲁迅和闰土也分开了几十年，他们没有书信往来，也不能见面，两人的命运和地位发生了巨大的变化。当鲁迅再次回到故乡时，他已经是一个富家老爷了，而闰土，已经变成了一个卑微的中年人。

看着昔日的老朋友，鲁迅很激动、很兴奋，想上前叙叙旧，谈一谈二人从前的快乐时光。

然而，闰土却毕恭毕敬地站着，对鲁迅说："老爷！……"

鲁迅打了个寒噤，他知道，他和闰土已经隔了一层可悲的厚障壁。太久不联系，闰土现在认为自己只是一个卑微的农民，配不上与鲁迅为友。闰土再也没有了之前的活泼，变得低声下气，和鲁迅之间再也没有了之前的亲密无间。鲁迅写到此处，已经泪湿眼眶。而读者也难免为消失的友谊落泪。

鲁迅与闰土的生疏，诚然是源自封建社会的等级差异。闰土之所以不敢主动维系人脉，是因为他被时代塑造得自卑与自轻。在现代社会，我们没有了等级差异的压迫，若是因害怕别人高自己一等就不敢主动联系有用的人脉，岂不是和闰土一样错失好友？

人脉关系决定了人生的走向。定期联系，正是建立和维系人脉关系的有效手段。常和朋友们联系，我们就能不断扩大自己的人脉圈子，提高自己的人脉质量，从而为自己创造更多的机遇和可能。定期联系是一条能够增强人与人之间的情感纽带，把好人脉牢牢地拴在自己的身边，以求资源不会流失。

小明和小华在高中时期是亲密无间的同学和好友。他们一起度过了紧张而充实的高中生活，共同经历了许多难忘的时刻。无论是课堂上的激烈讨论，还是课后的轻松闲聊，他们总是形影不离。在那些青涩而美好的岁月里，他们彼此支持，共同成长，建立了深厚的友谊。

小华是一个不喜欢和朋友联系的人，高中毕业后，他和小明考到了不同的大学，也因此失去了联系。只要小明不给小华发消息，小华就不会主动和小明聊天。时间久了，小明也有了崭新的社交圈，也不再和小华联系了。

又过了很久，小华进入了ＩＴ圈，奋斗在公司最底层的岗位。有一次，在高中同学聚会上，小华和小明再度相见了。然而，令他惊讶的是，小明竟然也进入了ＩＴ圈，还混到了公司的顶层，如今拥有了更多的人脉和资源。小明看着小华，后悔地说："兄弟，你早联系我的话，我就能让你跳槽到我们公司，至少能当个管理层了。"

小华这才悔不堪言，如果他珍惜和小明的朋友关系，现在一定能拥有不同的人生。可是两个人如今已经生疏了，不再是从前的好朋友，他因此失去了强有力的人脉资源。

友谊是需要维护和经营的。即使曾经再亲密的朋友，如果长时间不联系，也会因为生活的变迁和环境的差异而逐渐疏远。因此，常和朋友联系，无论是通过电话、短信、社交媒体还是面对面的交流，都应该积极维护彼此之间的关系。只有这样，才能让友谊更加深厚和持久。

定期联系就是保持朋友关系的"秘密武器"。它能够让我们的关系保持热度，给我们带来更多的机遇。所以，珍惜身边的人脉，常联系，多沟通，别把好人脉"打入冷宫"，别让自己错失良机。

> **场面人必修课**
>
> 常联系是维系感情的最好办法，不要等"有事您说话"，而要做到"没事常联系"，这样才能在真正遇到困难的时候有人脉的扶持。

05 搭把手，吸引更多铁杆盟友

> 这就叫君子之交淡如水啊！

> 要不是我帮过你，你能喝到我送的水吗？

一个良好的人脉网络能为我们打开无数扇门，带来更多的机会和资源。但如何让人脉真正"铁"起来，成为我们坚实的后盾呢？答案或许很简单——搭把手，给予他人帮助与支持。

薛仁贵是唐朝的一名大将，可是在他当上大将军之前，却十分穷困潦倒。薛仁贵从小就没有了父亲，生活很艰苦，但是他天生臂力惊人，加上刻苦练武，因此武功超群，只因出于贫寒之家，一直得不到别人的赏识。没有办法，他只好和妻子住到了一个窑洞里。冬天的窑洞又黑又冷，有时好几天都吃不上一顿饭。虽然薛仁贵也很勤劳耕种，但是收获的粮食也只够他们填饱肚子。

当时，有一个叫王茂生的人，是薛仁贵的老乡。王茂生非常重情义，他看到薛仁贵挨饿受冻，就毫不犹豫地把自己家仅剩的一点儿粮食拿来救济薛仁贵夫妇，尽管他自己家里也常常揭不开锅。

后来，李世民御驾亲征辽东，薛仁贵趁机参军。由于他武艺超群，勇猛过人，立下赫赫战功，李世民将薛仁贵封为了"平辽王"。薛仁贵顿时声名鹊起，前来王府送礼祝贺的文武大臣络绎不绝。薛仁贵却不愿结交朋党，于是婉言谢绝了这些大臣的贺礼。

薛仁贵唯一收下的，是同乡好友王茂生的贺礼。那一天，王茂生带来了美酒两坛，可谁知道，打开酒坛，里面却只有两大坛的清水。薛王府的下人们都十分瞧不起王茂生，开口就要驳回。然而，薛仁贵却哈哈大笑，命令下人取来大碗，当众喝下了三大碗。薛仁贵喝完之后，说："我过去落魄时，全靠王茂生兄弟的帮助，没有他也就没有我今天的荣耀。现在我美酒不喝，厚礼不收，却偏偏要收下王兄送来的这两坛清水，因为我知道王兄贫寒，送清水也是王兄的一番美意，这就叫君子之交淡如水。"

众人听后，都纷纷赞叹薛仁贵和王茂生的友谊。从此，"君子之交淡如水"成了一句名言。正是因为王茂生对薛仁贵的帮助，才让薛仁贵对王茂生有恩有义。

根据一项针对职场人士的调查显示，超过80%的受访者认为，在职场中提供帮助与支持是建立人脉关系的重要途径。同时，他们更愿意与那些曾经帮助过自己的人建立长期合作关系。搭把手，也就是加强了两个人关系的羁绊，让人脉更好地为自己所用。

孟宁毕业于名牌大学，刚刚进入职场。在大学时，她是班级的学霸，每年的奖学金获得者。然而，孟宁虽然学习好，却不擅长跟人接触。

进入公司后，孟宁是那种能在短时间内解决复杂问题，提出创新方案的人才，备受瞩目，老板十分认可她。然而，每当同事们下班后相约去聚餐、唱歌或是进行一些团队建设活动时，孟宁总是显得兴趣缺失。有一次，同事小李兴奋地邀请孟宁加入他们的周末郊游计划："孟宁，周末咱们一起去郊外烧烤吧，放松放松心情！"孟宁却眉头一皱，冷冷地回应："抱歉，我还有很多工作要做，没空参与这些无聊的活动。"话语间丝毫没有委婉，让小李和其他同事都感到了一丝尴尬。

类似的情况不止发生过一次。每当有同事因临时有事需要孟宁搭把手时，她总是以"这不是我该做的""我还有更重要的任务"为由拒绝，眼神中透露出一种不屑。渐渐地，孟宁在同事间的口碑开始下滑，大家虽然敬佩她的才华，却在情感上与她渐行渐远。

不久后，公司经历了一次重大的经营调整，总经理决定在公司内部选拔一名得力助手，担任他的专属秘书。这个机会极为难得，因为以往这个位置总是通过外部招聘填补。总经理自然而然地想到了孟宁，认为她是最合适的人选。然而，在最终决定前的内部会议上，当总经理询问大家的意见时，却遭遇了意料之外的阻力。同事们都说："孟宁虽然能力强，但她不太擅长与人相处，我担心她处理不好与高层甚至客户的关系。""她总是独来独往，对团队活动也不热心，这样的性格可能会影响团队的凝聚力。"

最终，所有人都投了反对票，理由惊人的一致——一个不懂维护同事关系的人，很难想象她能维护好与更高层级或外部客户的关系，这对于公司的长远发展显然是不利的。

总经理听后，虽感惋惜，但也不得不采纳了大家的意见。孟宁得知这一结果后，心中五味杂陈。

人脉是一座桥梁，当我们愿意伸出援手，用真心去帮助他人时，这座桥梁就会变得更加坚固和宽广。遇事搭把手，就能让自己走得更远。

场面人必修课

人脉也需要"互惠互利"，当我们遇到需要帮助的人时，不妨伸出援手，给予他们支持和鼓励，这样才能让人脉更稳固。

06 一把宽容钥匙，改写场面格局

> 曾国藩肚子里有一条船。

> 这就叫"宰相肚里能撑船"！

寛容就像天上的细雨滋润着大地。它赐福于宽容的人，也赐福于被宽容的人。宽容的人往往能更轻松地构建和维护优质的人际关系，他们情商高，有同理心，也就能赢得更多人的信赖与敬重。这样的人际关系网对他们而言，无论是在职业生涯还是日常生活中，都是通往更多成功的重要桥梁。

曾国藩是一个待人接物上总能宽容对方的人。曾国藩认为,"眼宽容事,心宽容人"。人生总会有许多不如意的事情,关键在于我们如何去面对它们。

曾国藩在长沙岳麓书院读书时,有一位性情暴躁、愤世嫉俗的同学,他对待周围人的态度总是带着几分挑剔与不满。曾国藩的座位靠窗,有一次,这位同学故意找碴儿,指责曾国藩挡住了他读书的光线,要求曾国藩立即让开。面对无理要求,曾国藩没说什么,默默地换了一个位置。

还有一次,曾国藩在深夜读书,这位同学继续找碴儿,再次挑起事端,指责曾国藩深夜读书打扰了他的休息。别的同学都看不过去,曾国藩却宽容以待,用美德感化了那位同学。

曾国藩主张以宽容的心态去看待世间的万物,不计较眼前的得失,而是放眼未来。他的宽容品质使他在官场和军界赢得了广泛的尊重与支持。他的下属和同僚都对他心悦诚服,愿意为他效力。

世界上最宽阔的是海洋,比海洋更宽阔的是天空,比天空更宽阔的是人的胸怀。待人宽容是一种崇高的品德,更是一种宽广的胸襟。遇到事情时,如果能宽容应对,遇事让三分,也就能为将来预留一条后路。针锋对麦芒,只会让自己在未来遭遇更多的"敌人"。

刘涛是一个年轻有为的贸易公司销售精英,他凭借着深厚的专业知识和敏锐的市场洞察力,刚进入公司不久,就迅速在销售

团队中脱颖而出，成了公司的业务骨干。他的业绩节节攀升，薪水也随之水涨船高，一时间，刘涛仿佛成了公司里的明星员工。

然而，刘涛却有一个致命的缺点——心胸狭窄。他总是过于敏感，常常把同事们的无心之言当作是对自己的议论和攻击。每当老板催促他加快工作进度时，他总会觉得老板是在故意刁难他，对他有偏见。

有一天，销售部门的同事们围在一起讨论一个即将到手的大订单，大家都兴奋不已，纷纷发表自己的看法。刘涛走过来，看到大家都在热烈地讨论，而他却没有被邀请加入，心里顿时生出一股无名之火。他瞪了同事们一眼，冷冷地说："哼，有什么了不起的，不就是个订单吗？我一个人就能搞定！"

同事们被他的话弄得一愣，纷纷停下手中的工作，看向他。其中一位同事小李忍不住开口说："刘涛，你这话就说得不对了，我们大家都是在为公司着想，你何必这么敏感呢？"

刘涛一听，更是火冒三丈，他指着小李的鼻子说："你少在这里装好人！我知道你们都在背后议论我，说我骄傲自大、目中无人！告诉你们，我刘涛不是吃素的，顺我者昌，逆我者亡！"

说完，刘涛甩手离开，留下一群愕然的同事。

这样的争吵在刘涛的工作中屡见不鲜。他不仅和同事关系紧张，和老板也时常发生冲突。一次，老板在例会上批评了刘涛最近的工作态度，希望他能够更加专注和投入。没想到，刘涛当场就顶撞了老板："你凭什么说我工作态度不好？我业绩这么好，你凭什么来指责我？"

老板气得脸色铁青，对刘涛说："你的心胸决定了你的未来。业绩再怎么好，不够宽容，就没有人愿意支持你。你回去好好想想我说的话吧。"

可惜，刘涛始终没有理解老板的话，最后因为处理不好同事关系，无法晋升，离开了公司。

思路决定出路，格局决定结局。一个人的心胸有多宽广，决定他的未来有多广袤。如果把人的胸怀比作装水的桶，有容人雅量的人，能够装进来自五湖四海的水，吸取的资源也就越多。心胸狭窄的人，只能装进一个小水瓢，成功的路子也就很少。宽容待人，才能稳固人脉，拓宽自己的出路。

场面人必修课

宽容的人往往情商更高，朋友更多。做一个拥有广阔心胸的人，也能拓宽自己的视野和思路，为未来的成功打下更坚实的基础。

07 人脉可遇不可求，不可过分强求

拥有一个广泛而优质的人脉网络，往往能为我们的职业发展、生活便利乃至个人成长带来诸多助力。然而，人脉并非可以轻易获得或刻意追求的物品，它更像是一种自然形成的、基于真诚与信任的社交生态。当机遇来到我们的面前，我们就要及时抓住，不可之后再拼命索求。人脉不是强求得来的，而是要抓住时机，等待机遇。

在三国后期的曹魏，高贵帝曹髦在位末年，朝政已被司马家族牢牢把控，尤其是司马昭，其野心勃勃，早已是"司马昭之心路人皆知"。曹髦虽然年轻，但心中却怀着对先祖基业的忠诚与坚守，他无法忍受自己成为一个傀儡皇帝，于是决定亲自率兵讨伐司马昭，以图恢复皇权。

曹髦的属下中，有一个叫成济的人，他断定曹魏政权会被司马昭取代，于是费心费力地讨好司马昭。然而，司马昭最看不起成济这种阿谀奉承的小人，总是不给他好脸色看。成济巴结了很久，都没能得到司马昭的人脉。终于，成济想了个办法，他决定刺杀曹髦来讨好司马昭。

有一天，曹髦对"司马昭之心路人皆知"实在忍无可忍，决定亲自率兵讨伐司马昭。在这个过程中，司马昭的心腹中护军贾充叱骂不敢应战的众将，而成济却站了出来，持戈刺杀了曹髦。

成济此举原本是想讨好司马昭，表明自己的忠诚和勇敢。然而，事情的发展却远远超出了他的预料。因为司马昭原本只是想通过威压来让曹髦屈服，却没想到成济会如此冲动地刺杀曹髦。这一下，他陷入了两难的境地。如果承认成济的行为是自己指使的，那么他的名声和威望将会受到严重打击；但如果否认，那么又该如何平息众怒呢？

经过一番深思熟虑，司马昭最终决定牺牲成济来保全自己。他命人将成济抓捕归案，并宣布其罪行为擅自行动、谋害陛下的大逆不道之罪。同时，他还宣布将成济家族夷灭三族，以儆效尤。成济费尽心思讨好别人，最后却牺牲了自己，这就是典型的"拍马屁拍到了马腿上"。

过于追求人脉，可能会让自己陷入被动的境地。人际关系的建立和发展往往不是刻意追求就能轻易得到的，而是需要在合适的时间、合适的地点，与合适的人相遇，并通过真诚的交流和互动，逐渐建立起信任和联系。人脉能为我们带来机遇，却是不可强求的。

在一次宴会中，张恒认识了一家公司的王经理，他眼睛一亮，觉得自己的机会来了。于是，张恒毕恭毕敬地走到王经理面前，递出自己的名片："王经理，您好，我是ＸＸ公司的张恒，很高兴有机会与您交流。"

然而，王经理在看过张恒的名片后，觉得他是个眼高于顶，不脚踏实地的人。因此，他只是礼貌地和张恒寒暄了几句。没想到，张恒却强行找王经理的秘书加了联系方式，让他很尴尬。

张恒翻了王经理的朋友圈，发现他喜欢潜水。这之后，王经理总能看到张恒给自己发潜水的图片。王经理觉得很没必要，他告诉张恒："我喜欢潜水，但我只喜欢自己潜水，你不要以为给我发了潜水的图片，我就能邀请你和我一起去。"

张恒吃了一鼻子灰，却还是不死心。这之后，他每天都联系王经理，即使王经理不搭理他，他也要坚持和王经理说"早安""晚安"。终于有一天，王经理无可奈何，把这件事告诉了张恒的老板。张恒也因此被老板骂了一顿，再也没有了升职的希望。

在成功的路上，人脉虽然重要，但不是追求就可以得到的。要保持独立思考和自尊自爱，不盲目讨好他人。这样，才能得到别人的认可，也就能得到更多的机会。

> **场面人必修课**
>
> 人脉关系的搭建需要时间和努力，更重要的是要把握时机和真诚交流。我们不能强求人脉，而是要在合适的时机与合适的人相遇，并通过真诚的交流和互动来建立起信任和联系。

08 人脉三秘诀，打造高效场面圈

> 没有人脉是不行的!

孤掌难鸣、独木不成林。一个进入社会生活的人，必须寻求他人的帮助，借他人之力，促成自己。个人的力量总是有限的，而合作与互助则是通往成功的桥梁。一个聪明且成熟的人，会懂得如何在社会中寻找并建立良好的人脉关系，通过合作与互助来提升自己的能力和影响力。他们不会孤军奋战，而是懂得借助团队的力量，共同迎接挑战。那么，我们该如何构建自己的人脉呢？

1．建立自己的圈子

不属于自己的圈子不必硬融。每个人都有自己的圈子，且设置了一道明显的分界线，不属于这个圈子的人，会被划分出去。

建立自己的圈子，其实就是区分出真正对自己有帮助的人和无关紧要的人，这样才能更好地利用已有人脉，以免被"损友"坑到。

柴田和子的故事是日本保险行业中的一段传奇，她凭借不懈的努力，从一个家庭主妇，成了日本乃至世界的保险销售冠军，并且此后连续16年蝉联日本保险销售冠军，被誉为"日本保险女王"。1988年，她创造了世界寿险销售第一的业绩，并因此荣登吉尼斯世界纪录。她的年度业绩能抵上800多名日本同行的年度销售总和，至今无人打破这一纪录。

柴田和子之所以能成功，与她的客户们，也就是人脉们密不可分。然而，在选择人脉上，柴田和子显然有自己的一套办法。她只选择有影响力的人物。因此，她时常参加酒会，借机认识更多厉害的大佬。她认为，这些有社会地位的人物，他们有自己的人脉圈子，所以当她和这些人结识，也就代表了会认识更多人。这个办法，显然帮了她不少。

因此，选择圈子，建立自己的圈子，也是规避"小人"的一种方法。最重要的是明确自己的定位，寻找志同道合的人，维护并深化这些关系。

2．持续学习与提升

著名成功学家陈安之研究了世界上100多位成功人士后，得出这样一个结论：成功＝知识30％＋人脉70％。人脉固然重要，但打铁还需自身硬，想要和成功人士打交道，自己的能力也不能少。

在一个小镇上，有一个叫亨利的有钱人。一天，一群人聚集在一起，纷纷议论着亨利。

一个人说:"瞧瞧亨利,他的朋友可真不少!看他家里来来往往的那些人,个个都挺有派头!"

众人纷纷附和:"这还不是因为他事业上有了起色,那些生意场上的朋友自然会对他毕恭毕敬。""没错!就连那些工人都对他忠心耿耿,还有他那些朋友,跟他亲如手足。"

这时,一个衣衫褴褛的乞丐说:"不就是亨利嘛,只要我和他成为朋友,他就能帮我挣好多钱!"

没想到,众人哈哈大笑,纷纷嘲讽乞丐:"就你这个样子,连他家那条狗都不如!他是不会和你成为朋友的!"

乞丐被大家嘲笑,却依旧不死心:"我虽然穷,但我朋友多,比亨利强多了,他肯定会膜拜我,和我结交的!"

大家听完,更不理解了:"你的朋友也不过都是些乞丐,真是痴人说梦啊!"

乞丐不服气,此后,他为了证明自己,经常来到亨利家的门口乞讨。但是,就像别人说的那样,亨利一点儿也看不上乞丐。很久很久以后,乞丐讨不到饭,饿死在了街头。

要想维护人脉,还得有自己的价值。所以,坚持学习,提高个人能力,才是拥有有效人脉的最好办法。

3.平衡工作与私交

平衡工作与私交是一个重要而复杂的话题,即使有些人拥有了人脉,但由于他们无法将工作和生活区分开,有时会带给朋友很多压力,导致最后失去了朋友,失去了前程。人脉也分为"事业上的助力"和"生活中的好友",有些人可以在你有困难时伸出援手，但未必喜欢听你的日常杂语。有些人虽然喜欢聊聊家常，但未必有能帮助别人的能力。因此，划分好"工作"和"生活"的界限，对于维护人脉来说也是至关重要的。

杰克·韦尔奇是 GE 公司的第八任董事长兼 CEO。在他任职期间，GE 公司的市值增长到 4000 亿美元，高居世界第一。杰克·韦尔奇是个善用人脉的人，他曾给公司领导者传授自创的用人秘诀：一个组织中，必有 20% 的人是最好的，70% 的人是中间状态的，10% 的人是最差的。

同时，杰克·韦尔奇在自传中写道，在交朋友上，平衡工作与生活，是每个人都需要学会的事情。不能把同事当作可以探讨私生活的人选，也不能把朋友当成事业的攀云梯。要找到属于自己的平衡点，做出取舍，才能让自己快乐并且成功。

区分工作与私交，才能平衡个人生活和事业。既能找到助力，又能收获情谊，这才是成功人的必胜法诀。

古人云："三人行，必有我师焉。"有了人脉，才能学习到他人的长处。构建人脉、珍惜人脉、利用人脉，是每个场面人都要学会的事情。

> **场面人必修课**
>
> 如果把社会比喻成一个大家庭，我们要做的就是在家庭中找到自己的家人。因此，建立自己的圈子，加强个人能力，平衡好工作和生活，是我们构建人脉的最好办法。

第五章 温情港湾 蓄势待发

——场面人的家庭情感

和睦的家庭空气是世上的一种花朵,没有东西比它更温柔,没有东西比它更优美,没有东西比它更适宜于把一家人的天性培养得坚强、正直。

01 婚姻这个大场面，如何选择

婚姻的选择太重要了！

钱钟书在《围城》中曾写过：围在城里的人想逃出来，城外的人想冲进去。对于很多人来说，婚姻和家庭就是这样的困境。然而，无论是"城里的人"还是"城外的人"，他们都可能忽视了一个重要的事实：婚姻和家庭并非简单的幸福或束缚，而是一个需要双方共同努力、相互理解和包容的动态过程。在这个过程中，有欢笑也有泪水，有甜蜜也有苦涩，但正是这些复杂的情感交织在一起，才构成了婚姻和家庭的真实面貌。因此，在婚姻的选择上，我们一定要慎重。

晋代有一名叫许允的才子，他娶了一个美名远播的妻子。然而，大婚之夜，许允掀开红盖头后，却瞬间感到失望，因为新娘的容貌十分平凡，甚至有些瑕疵。许允愣在原地，随后默默转身，打算离开这令他幻灭的婚房。

新娘察觉到他的异样，连忙拽住他的衣袖，疑惑地问道："夫君，新婚之夜你为何面露不悦？是否有什么难言之隐？"

许允神情沮丧，反问新娘："你知道什么是真正的贤妻吗？"

新娘心中已有所悟，但仍温柔地回答："世人常说贤妻应孝顺长辈、敬爱夫君、言语得体、勤劳能干，并且容貌出众。我自知相貌平平，但我会在其他方面竭尽全力，弥补这一不足。容貌是父母所赐，无法改变，但我愿意在其他方面付出更多。"

见许允仍沉默不语，新娘微微一笑，转而问道："世人皆称赞你学识渊博，那么请问，作为一位饱读诗书的君子，你认为自己具备哪些美德呢？"许允高傲地回答："我自然美德俱全。"

新娘听后，嘴角上扬，缓缓说道："如果真是这样，那你应该明白'人不可貌相，海水不可斗量'的道理。读书人应以德才兼备为傲，不能仅凭外貌就轻易评判他人。你今天的行为，岂不是违背了这一原则，重视外貌而轻视品德吗？如此，你又怎能说自己美德无缺呢？"

这一番话让许允顿时哑口无言，脸色涨红。

随着时间的推移，两人在共同的生活中逐渐加深了解，许允越来越钦佩妻子的见识与才能，最终对她产生了深深的敬意。两人携手共度，成了一对相敬如宾、恩爱和睦的伴侣。

婚姻和家庭的选择，如同在人生的十字路口做出的一次重大决策，它不仅关乎个人的幸福，更影响着未来的生活轨迹。我们见过太多人，因为太过冲动而在一起，最终却在生活的琐碎中逐渐失去了最初的激情，转而陷入无尽的争吵与冷战。但经过慎重选择的婚姻，则能在风雨同舟中更加坚定彼此的爱意，将每一次的困难视为增进了解的契机。选择一个对的人，才能愿意投入时间与精力，去学习如何更好地沟通、理解和包容对方，让一个家庭更幸福。

李悦今年30多岁了，她很漂亮，事业也很成功，身边有许多追求者，但她就是不愿意进入一段稳定的感情关系。在几年前，李悦也并不是没有想过结婚的事情。那时候，她的身边有两个追求者，一个叫王明，另一个叫张迅。王明是一个外放活泼的人，他在追求李悦的过程中，给了她许多浪漫与感动。相比之下，张迅则显得有些古板。彼时还是天真烂漫小女孩的李悦，自然而然地选择了王明。

李悦和王明很快就同居、谈婚论嫁，然而，当关系变得稳定后，李悦却发现王明并没有她想象得那么好。他开始不回消息，不关心她，到最后，李悦竟然发现王明出轨了另一个女孩。她很愤怒，毅然决然地提出了分手，搬出了两个人的"浪漫小屋"。这场失败的感情伤透了她的心，也导致她开始不相信爱情和婚姻。一个失败的选择，给了一个人一生的阴影，而这个阴影，是需要用整个后半生来治愈的。

感情是一件慎重的事情，在对于感情的选择中，每一个人都会面临各自的挑战与考验。但我们必须认识到，婚姻与家庭是生命旅程中不可或缺的伙伴关系，而非单方面索取或奉献的战场。在情感世界里，学会适度控制，懂得适时进退是至关重要的。智者并非不入爱河，而是能够在情感的起伏中保持理性，不被情感所主导，从而做出明智的选择。

> **场面人必修课**
>
> 婚姻和家庭的选择要慎重。我们需要用智慧去识别真正的爱情，用勇气去拥抱未来的幸福。只有这样，才能在人生的旅途中，找到那个携手共度风雨、共享阳光的伴侣。

02 尊重，幸福生活的必备元素

法国思想家卢梭曾说："人间最大的幸福莫如既有爱情，又清白无瑕。"而清白无瑕的爱情，离不开相互之间的尊重与理解。当尊重缺失时，幸福的道路便会变得崎岖不平。因此，在感情中学会尊重，是一件至关重要的事情。

东汉时期有一位著名的隐士和文学家，叫作梁鸿。他出身贫寒，但自幼好学不倦，博览群书，尤其擅长诗文创作。

同县有一户姓孟的人家，虽不是什么名门望族，却也是当地数得上的富家。孟家有一女儿叫孟光，她生得肥丑而黑，身材矮小，浓眉大眼，虎背熊腰，可以说姿色全无。都已经三十岁了，还待字闺中。孟光听说了梁鸿的文学后，认为他是一个贤士，一门心思要嫁给他。然而，周围的人都认为孟光配不上梁鸿，暗地里都偷偷笑话她，长得这么丑，寻常人都瞧不上，更不要说名士梁鸿了。

没想到，梁鸿听说后，却认为孟光是一个有趣的人，于是，他托媒人到孟家提亲下聘礼，和孟光成了亲。

成亲当天，孟光把自己打扮得花枝招展，头上插着金银珠宝，脖子手上戴着玛瑙翡翠，身上的衣服也是华丽精美。然而，等掀了盖头后，梁鸿却脸色大变，连话都不和孟光说。一连七天过去了，孟光生气地问梁鸿："我知道我长得丑，整个平陵的人都知道，你应该也知道吧。既然你主动上门提亲，答应娶我为妻，那为何一连七日都不与我说话，难道是心存后悔？如果你嫌弃我相貌丑陋，大可休我回娘家。"

没想到，梁鸿却说："我并不是嫌弃你的容貌。我之所以娶你，是因为我之前以为你与别家的富家小姐不同，不是那种爱美爱富之人。但你自从嫁给我以来，每天就知道涂脂抹粉、梳妆打扮，这与我之前期望的相差太远了。我这一生，不爱钱财，不好美色，只愿隐居山间，过与世无争的日子。我想娶的妻子，是甘愿与我同甘共苦的人。而你一副千金小姐的架势，哪里是我想要的妻子呢？"

孟光听完后，不仅没有生气，反而很高兴地说："我其实是在试探你的志向而已，夫君果然不贪恋虚名，和我一样。"于是，她摘下金银首饰，和梁鸿隐居了起来。孟光每次给梁鸿送饭时，总是把托盘举得跟眉毛一样高，以表示对丈夫的尊敬和爱护。从此之后，"举案齐眉"这个成语也被认为是夫妻尊敬爱重的意思。

你希望别人怎样对待你，你就应该怎样对待别人。越是亲密的关系越应该注意我们是不是在做事情的过程中没有做到尊重别人，我们应当时刻提醒自己，不要因为关系的亲密而忘记了尊重的重要性，更不要因为对方的付出而将其视为理所当然。

张强和李梅是一对年轻的夫妻，两人都是职场新人，每天面对着巨大的工作压力。起初，他们因为彼此的理解和支持而走到了一起，共同憧憬着美好的未来。然而，随着时间的推移，生活琐事和工作压力逐渐侵蚀了他们的关系。

张强是一个自尊心很强的人，他在工作中总是追求完美，对自己的要求极高。然而，这种压力也带到了家里，他常常因为一些小事而发脾气，对李梅的言行举止进行挑剔。李梅则是一个温柔贤惠的女子，她原本以为婚姻是彼此扶持、共同成长的港湾，但现实却让她感到失望和困惑。

"你总是这么挑剔，我做什么都不对！"李梅终于在一次争吵中爆发了她的不满。

"我这不是挑剔，是希望你能够做得更好！"张强辩解道，但他的语气中充满了不容置疑的强硬。

这样的争吵成了他们生活中的常态。直到有一天，李梅决定离开这个让她感到窒息的家。她在收拾行李时，给张强留下了一封信："我们曾经是那么相爱，但现在，我发现我们之间已经没有了尊重。我需要的不是一个只会挑剔我的丈夫，而是一个能够尊重我、理解我，与我共同面对生活的伴侣。我希望你能明白，没有尊重，何来幸福？"

张强在看到信后，终于意识到了自己的错误。他开始反思自己的行为，意识到自己在婚姻中失去了对李梅的尊重和理解。他决定改变，去挽回这段即将破碎的婚姻。

他开始学习如何尊重李梅的感受，倾听她的心声。他不再挑剔她的言行举止，而是用欣赏和鼓励的眼光去看待她。经过一段时间的努力，他们的关系终于得到了改善。张强和李梅重新找回了彼此之间的爱和信任，也感受到了婚姻和家庭带来的幸福和满足。

在婚姻与家庭中，尊重是不可或缺的基石。没有尊重，就没有真正的幸福。只有当我们学会尊重彼此的感受、尊重彼此的选择、尊重彼此的差异时，我们才能共同创造出一个充满爱的美好家庭。

场面人必修课

在感情中，只有尊重对方，才能让自己认识到对方的付出，看到对方的优点，从而幸福地生活在一起。

03 每一次的深情对话，都是投资

一段情感的萌芽，通常都源于"能够畅快交流"。而一段情感的消逝，则往往始于"无话可说"。两个人生活在一起，磕磕碰碰在所难免，恋人之间出现矛盾和问题也是无法避免的事情。如果出现这种情况，我们不如敞开心扉聊一聊，将此作为化解矛盾的方法。

在明朝时期的应天府，有一位名叫范点咸的教书匠，他与妻子玉蓉感情深厚，两人共同经营着一个小而温馨的家。然而，有一天晚上，范点咸因事晚归。当他悄悄推开家门时，却意外地目睹了一个高大身影从家里翻墙而出。

范点咸心中疑云密布，他开始怀疑妻子是否对自己不忠。尽管他深知这样的猜测可能毫无根据，但内心的疑虑却像野草般疯长，难以遏制。为了验证自己的怀疑，范点咸决定暗中展开调查。

在接下来的日子里，范点咸小心翼翼地观察着妻子的言行举止，试图从中找到蛛丝马迹。然而，让他感到困惑的是，妻子玉蓉似乎并没有任何异常之处。她依然像往常一样操持家务、照顾孩子，对范点咸也依然温柔体贴。

然而，范点咸的疑虑并没有因此消散。他坚信自己看到的那一幕绝非偶然，背后一定隐藏着不可告人的秘密。于是，他决定采取更加直接的手段来揭开真相。

后来的一个晚上，范点咸悄悄地躲在了家中的暗处，等待着那个神秘男子的再次出现。终于，在深夜时分，他再次看到了那个高大身影翻墙而入。这一次，他毫不犹豫地冲了出去，想要将那个男子逮个正着。

然而，当范点咸冲到那个男子面前时，他却惊讶地发现，原来那个男子不是别人，而是自己的母亲所养的情人。这个真相让范点咸感到震惊和愤怒，他无法理解自己的母亲为何会做出如此荒唐的事情来。

在得知真相后，范点咸心中对妻子的疑虑瞬间烟消云散。他意识到，自己之前对妻子的怀疑完全是基于无端的猜测和误解。

他深感愧疚，决定向妻子坦白一切，并请求她的原谅。

感情不是一成不变的，总是会面对一些难以避免的矛盾与问题。而选择逃避或沉默只会让它们像雪球一样越滚越大，最终可能压垮原本坚固的情感桥梁。相反，如果我们能鼓起勇气，选择一个恰当的时机，找一个舒适的环境，敞开心扉，真诚地聊一聊，这些难题往往就能找到解决的出口。

李明和小雨是一对恋人，他们在一起已经三年了。起初，他们的感情非常甜蜜，每天都充满了欢声笑语。然而，随着时间的推移，他们开始因为一些小事而频繁争吵，感情也逐渐出现了裂痕。

最近，李明发现小雨对他的态度越来越冷淡，甚至有时候还会无缘无故地发脾气。这让他感到非常困惑和痛苦，因为他不知道自己做错了什么，也不知道该如何改善这种情况。

终于有一天，李明鼓起勇气，决定和小雨坐下来谈一谈。他选择了一个安静的咖啡馆，营造了一个舒适的环境，然后诚恳地对小雨说："最近我感觉我们的感情好像出现了一些问题，你对我越来越冷淡，还经常发脾气。我很担心我们的关系，也很想知道你的感受。你能不能告诉我，到底发生了什么事情？"

小雨听了李明的话，沉默了一会儿，然后缓缓开口："其实，我也一直在为我们的感情而烦恼。最近我工作压力很大，经常加班到很晚，回到家后还要处理一些琐事。我感觉自己很累，也很无助。而你似乎并没有察觉到我的变化，也没有给我足够的关心和支持。这让我感到非常失望和沮丧。"

李明听了小雨的话，顿时恍然大悟。他意识到，自己确实没有注意到小雨的变化，也没有给予她足够的关心和支持。他感到非常愧疚，然后诚恳地向小雨道歉，并承诺以后会更加关注她的感受，给予她更多的支持和陪伴。

小雨听了李明的话，脸上露出了久违的笑容。她感受到了李明的真诚和改变，也决定放下心中的不满和怨恨，重新投入到这段感情中。

记住，每一次深入的对话都是对彼此关系的一次投资。它可能会带来短暂的不适或冲突，但长远来看，这是让关系更加坚固、深化的必经之路。所以，当感情中遇到难题时，不妨将其视为一个契机，一个加深了解、增进情感的机会，勇敢地坐下来，用心地聊一聊。毕竟，最好的爱情，往往是在不断地沟通与理解中，绽放出最耀眼的光芒。

场面人必修课

当感情出现问题时，不如和对方聊一聊，试着站在对方的角度去理解，不要急于辩解或反驳。

04 爱情是相互成全对方的完整

> 共同进步有助于家庭和睦！

曾经有人提问："什么是最好的感情？"其中一个最高赞的回答是："欣赏一个人，始于颜值，敬于才华，合于性格，久于善良，忠于人品。"其实，最好的感情，不光是山盟海誓的浪漫，也不只是相濡以沫的陪伴，而是在陪伴与浪漫中，做到相互成就，共同成为更好的自己。

梁思成与林徽因的爱情故事，是近代文学史上的一段佳话。他们相识于少年时期，两家均为书香门第，两人有着相似的文化背景和兴趣爱好，这使得他们在精神层面有着高度的契合。

在梁启超的安排下，梁思成与林徽因一同前往美国留学，林徽因喜欢建筑，梁思成也为了她，选择了相同的建筑学专业。在留学期间，两人共同学习、探讨学术问题，感情逐渐升温。在美国宾夕法尼亚大学精修建筑期间，梁思成在外人面前称林徽因为"林先生"，单独相处时叫"徽因"或"徽"。在建筑作图方面，梁思成画的线，干净准确。林徽因则是"激情的创作者"，每次作业时，她总是极快地将草稿完成，却没有耐心去完善，烦躁起来就弃笔而去。而梁思成早已习惯夫人的"小任性"，他宠溺一笑，拾笔将夫人脑中的构想变为精确的图纸。图纸完成后，林徽因又"呼"地一下冒出来，带着小零食来"讨好"男友。周围留学生都羡慕地说："思成，你就宠她吧。"而梁思成却笑道："在我面前，她可以不讲理。"

后来，梁思成因为林徽因而选择建筑学，成了一个世界著名建筑学家。而林徽因也因为梁思成的一路支持，成为中国第一位女建筑师。他们共同致力于中国建筑事业，创建了中国第一个建筑系。他们走访了中国的许多地方，测绘和拍摄了大量古建筑遗物，为中国建筑史的研究做出了巨大贡献。

复旦名师陈果在《好的爱情》一书中写道："爱情就是相互成全对方的完整。"好的感情，其精髓在于双方的共同进步。它不仅仅意味着两个人在情感上的相互依赖与支持，更是彼此在心智、能力乃至人生观、价值观上的共同提升与成长。在一段健康的关系中，双方应当成为对方的激励者而非绊脚石。他们鼓励彼此追求个人梦想，无论是职业发展、兴趣爱好还是学识增长，都愿意为对方提供精神上的支持与实际上的帮助。当一方在某个领域取得进步时，另一方会感到由衷的喜悦，并以此为动力，努力提升自己，不让对方落下。

　　林浩和苏晴是一对令人羡慕的情侣，他们在大学时期相识相恋，共同度过了无数甜蜜的时光。但在毕业后，这一切都戛然而止。

　　毕业后，林浩与苏晴开始谈婚论嫁，但事业的发展却成了阻碍感情的屏障。林浩凭借出色的编程技能，很快在一家知名科技公司找到了工作，并迅速崭露头角。他的职业生涯如同坐上了火箭，项目一个接一个，职位也步步高升。但苏晴的成绩一直不好，她的求职之路也十分艰辛，最后只能靠托亲戚，在家乡做了一个小员工。

　　随着两个人之间的差异越来越大，林浩和苏晴之间也出现了难以割舍的矛盾。林浩的工作越来越忙，加班成了常态，周末也常常被各种会议和项目占据。与此同时，苏晴只能闲在家里做家务。两人的生活轨迹逐渐偏离，共同的时间越来越少，沟通也变得越来越少。终于有一天，苏晴意识到，自己和林浩好像好久没有一起看电影了。于是她买了电影票，想要和林浩来一次久违的约会。没想到，林浩却拒绝了苏晴，对她说："我现在是事业上升期，怎么能浪费在约会上呢？"

　　苏晴崩溃了，她没有想到林浩竟然把二人的感情称为"浪费"，她知道，两人的关系已经出现了裂痕，现实的鸿沟是难以跨越的。终于，苏晴提出了分手，二人不欢而散。

　　爱情虽然美好，但也需要建立在"门当户对"的前提下。当事业发展出现分歧，而双方又无法找到平衡点时，面临的就只会是分道扬镳。好的感情是一种动态的、积极向上的关系，它要求双方不断地自我提升，同时也促进对方的成长。在这个过程中，爱情不仅不会褪色，反而会因为双方的不断进步而愈发深厚，成为彼此生命中最宝贵的财富。

> **场面人必修课**
>
> 　　好的感情要在共同学习的过程中，发现对方的优点和长处，克服自己的短板，实现个人能力的全面提升。

05 好的承诺，赋予爱情坚定的信念

在感情的交流中，承诺往往被视为一种表达爱意和决心的方式。然而，承诺并非儿戏，它承载着对方的期待和信任。因此，在给出承诺之前，我们必须深思熟虑，确保自己有能力、有决心去实现它。

曾子作为儒家学派的重要代表人物之一，孔子晚年的得意门生，其言行举止都深受孔子的影响，尤其是在承诺这一事情上，更是身体力行，堪称楷模。有一次，曾子的妻子要出门，可是孩子们围着她，说什么也要跟她一起去。为了安抚孩子，出于一时权宜之计，曾子的妻子就哄骗孩子们："等我回来，就给你们杀猪肉吃。"孩子们就没有再闹，而是乖乖在家等着她。

这本是随口的一句话，然而，曾子的妻子回到家后，却发现曾子竟然真的把家里养的猪杀了。曾子的妻子埋怨他："我只不过是为了哄骗孩子们，你怎么真的杀了猪？"曾子却疾言厉色地说："小孩子是不能和他闹着玩儿的。如今你欺骗他，是教他学会欺骗。母亲欺骗儿子，做儿子的就不会相信自己的母亲，这不是用来教育孩子的办法。"

这件事说明，既然许下了承诺，就必须兑现，这是对孩子最好的教育，也是对诚信原则最直接的体现。无论是对家人还是对外人，承诺一旦作出，就必须全力以赴去实现，这是做人的基本准则。因此，不要为了一时脱身而轻易承诺。

心理学家曾进行过一项实验，他们招募了41对情侣，首先评估了他们在恋爱关系中的承诺程度和满意度。随后，这些参与者被随机分配至两个小组：一个是虚假的正面反馈组，在这个组中，研究者向参与者提供关于其伴侣的夸大正面评价，即在参与者面前大肆赞扬他们的伴侣；另一个是虚假的负面反馈组，研究者向参与者提供关于其伴侣的夸大负面评价，即在参与者面前编造其伴侣的不足。完成诱导后，研究者再次测试了参与者在恋爱关系中的满意度。结果显示，那些在恋爱中原本承诺程度和满意度较低的人，更容易受到负面暗示的影响，从而降低他们的恋爱满意度。相反，那些原本在恋爱中承诺程度高的人，即使研究人员故意贬低他们的伴侣，也没有降低他们对恋爱的满意度。

由此可见，承诺在恋爱关系中扮演着至关重要的角色，它赋予人们坚持爱情的信念。无论面临生命中的何种挑战，甚至是他人的质疑和诋毁，都不会动摇他们的恋爱关系。因此，经常在恋爱中做出承诺的人，往往会收获满意的爱情。这并非出于其他原因，而是因为他们当初的承诺让伴侣感到安心，更加坚定了在恋爱道路上携手前行的决心。

李浩和赵悦是一对青梅竹马的恋人，从小一起长大，感情深厚。大学毕业后，两人决定留在同一座城市工作，在一个浪漫的晚餐后，李浩出于一时冲动，对赵悦许下了承诺："我向你保证，三年内，我会给你一个盛大的婚礼。"

然而，现实总是比想象中更加复杂。李浩的工作并不如预期般顺利，行业竞争激烈，他不得不投入更多的时间和精力，甚至经常加班到深夜。与此同时，赵悦也在职场上遇到了挑战，两人的生活节奏越来越快，相处的时间越来越少，沟通也变得越来越少。

随着时间的推移，李浩发现自己离那个三年之约越来越远。他开始感到焦虑，害怕无法兑现承诺会让赵悦失望。而赵悦，虽然表面上没有过多追问，但内心的期待与不安却日益增强。

终于，在一次激烈的争吵后，赵悦含泪问道："你当初说的那些话，还算数吗？"李浩看着赵悦，心中五味杂陈，他知道自己已经无力在三年内实现那个承诺。最后，两个人遗憾地分手了。

承诺在恋爱关系中扮演着举足轻重的角色。它不仅能够增强双方的信任感和忠诚度，还能促进个人的成长和发展。因此，在恋爱中，我们应该珍惜每一个承诺，用实际行动去践行它，让爱情在承诺的守护下更加美好和长久。同时，我们也要学会理性看待承诺，不要让它成为束缚彼此的枷锁，而是让它成为连接心灵的桥梁，共同走向幸福的未来。

场面人必修课

在恋爱关系中，承诺能激发双方的责任感和忠诚度。然而，值得注意的是，承诺并非越多越好。在恋爱中做出承诺时，我们应该保持理性和诚实，确保自己能够真正履行这些承诺。

06 在赞美中，散发出爱情的香芬

戴尔·卡耐基说："要改变人而不触犯或引起反感，那么，请称赞他们最微小的进步，并称赞他们的每个进步。"人总是希望得到他人的赞美。无论是咿呀学语的孩子，还是白发苍苍的老人，都会希望获得来自社会或他人的赞美，从而让自己的自尊心和荣誉感获得满足。从社会心理学角度来说，赞美是一种有效的交往技巧，能缩短人与人之间的心理距离。可以说，喜欢被人赞美是人的一种天性。在婚姻和家庭中，赞美也是一种有效的经营之道。

卡耐基小时候很淘气，让父亲特别头疼。在他9岁的时候，父亲有了第二次婚姻。在把自己介绍给继母认识的时候，戴尔听到父亲这样说："亲爱的，认识一下这个坏男孩，他太喜欢搞恶作剧了，可是往后你不得不跟他打交道。我提醒你一下，他作弄人的本领让人防不胜防，说不定明天早晨他就会拿小石头偷袭你。我对他是伤透了脑筋……"

"不不不，亲爱的，我猜你是在开玩笑。戴尔给我的印象好极了。他很机灵，很懂事。他绝不可能是个坏男孩。可能是他的精力比别的小朋友旺盛，总是喜欢让我们大家惊讶一下吧。"

卡耐基看到继母一边微笑着说话，一边走过来，轻轻地摸了摸自己的头顶。

卡耐基心里热乎乎的——以前从来没有人这么夸过他，他眼眶里的泪珠差一点儿滴落在脸上。

就是因为受到继母这样的赞美，卡耐基后来跟继母的关系相处得十分融洽。继母这一次对他的赞美，也成为他获得自信的开始，一直激励着他向前发展。最终，卡耐基总结出了成功的28项黄金法则，帮助无数想成功的普通人实现了梦想。

西方有一句谚语："赞美好比空气，人人不能缺少。"哈佛大学藻类学专家斯金诺通过实验得出结论：奖赏和一些行为相联系时，它有着促使某种行为重新出现的趋向。无论对人还是动物，只要发出肯定的鼓励信号，行为必然会得到改善。

乔雪和史君是一对情侣，而他们曾经在一次逛街中，产生了非常大的嫌隙，同时也因此彻底分道扬镳。乔雪虽然个子高挑，但皮肤不算白皙，她选了条看起来跟她并不很搭的红裙，或许因为很少穿红色，她小心翼翼地问史君："怎么样？我穿好不好看？"

而史君稍有犹豫，还是说了句："很好看啊，去试试吧。"

当乔雪穿上裙子，从试衣间走出来，一边照镜子一边问史君："怎么样？"

谁知史君却连看也没看一眼，盯着手里的手机随口说："很好很好，买吧买吧！"

当时店里不少顾客，旁边听到这番对话的人都望着这对情侣，乔雪似乎也感受到了微妙的异样氛围，狠心脱下红裙，转身要走。店员看出她的意图，立马上前说："美女，红裙子虽然人人都喜欢，但我觉得你更适合亮色，不妨试一下我们的经典爆款，你身材比例好，还能衬肤色。"

乔雪买了店员推荐的裙子，没再问史君意见，最后两个人都找了一些前言不搭后语的理由，各自离去了。后来，乔雪和史君吵了一架，两个人彻底分手了。

赞美的重要之处就在于我们都会从中得到一缕玫瑰的香味。对于别人来说，他的过人之处，由于你的赞美而变得更加光彩；对于自己来说，你已经被他人的优点和长处所吸引。赞赏的力量是不可小觑的，它不仅能给人送去温暖和喜悦，带来需要的满足，还能激发人们内在的潜力，彻底改变他们的人生。

> **场面人必修课**
>
> 赞美是沟通的契机,学会了赞美,将会在情感关系中披荆斩棘,无往不胜。

07 婚姻的智慧在于平衡理性与感性

我该怎么才能不被自己的情绪左右呢？

我们常说，人的心里像是住着两个小人，一个理性，一个感性，他们经常打架。长期以来，我们只关心理性人，就像在古典经济学里讨论人的行为时，通常都有一个"理性人"假设。我们一厢情愿地认为，理性人总会获胜，所以人总是能够客观理性地判断得失，做出的决策不会受到情绪左右。

然而，我们都低估了感性小人的破坏力。感性的小人经常会把理性小人打败，占据上风。经验主义哲学家

> 休谟说过，"理性只能是情感的奴隶，它所做的都是为情感服务。"在一段感情中，用来创造出情感的是我们的感性，但用来维系感情的，却是我们的理性思维。因此，不要把它们搞混，要用理性来控制情绪。

具有强国富民之能的赵武灵王，在传位问题上，就是因为太过于感情用事，才导致了令赵国大伤元气的"沙丘之乱"。赵武灵王在宠姬吴娃的挑唆下，废除了章的太子之位，将王位传给了吴娃所生的儿子何，他自称为"主父"。这样安排，是担心何年纪太小，不能很好地处理国家大事，自己帮助幼王稳定大局。

像赵武灵王这样轻易凭个人感情废立太子，本就容易引起祸乱，他自己不但没有意识到危机，反而又做出了一个更加糊涂的决定——主父又可怜章的处境，想把赵国分为两半，让章也称王，幸好因为大臣的反对而没有落实；于是就把章封在了安阳，号为安阳君，拜田不礼为相，这也为后来的祸乱埋下了隐患。

有一年，主父和何到沙丘游玩，住在两个行宫中。章和田不礼乘机在都城图谋篡位，杀死了留守的相国。公子成和李兑帮助何平息叛乱，章败走沙丘，此时主父又犯了感情用事的大忌，将章收留在宫中。公子成和李兑干脆斩草除根，带领重兵层层包围了主父的住处，最终将章和田不礼杀死，又怕主父日后找他们算账，二人就将主父长久围困在行宫里直至其被饿死。在他们的拥护下，何登基做了皇帝，被称赵惠文王。因为惠文王年少，公子成和李兑独揽赵国大权。赵武灵王的感情泛滥，不仅使章和何深受其害，更令自己也未得善终。

在实际生活中，感性与理性往往交织得非常紧密，以至于我们很难在瞬间清晰地将它们剥离开来。面对复杂多变的人生情境，感性常常以其直观、即时的反应引领我们的行动，而理性则像一位深思熟虑的顾问，在幕后默默计算着长远的利弊。

要真正驾驭好心中的这两个"小人"，首先需要的是自我觉察——一种能够即时意识到当前是由感性还是理性主导自己思维和行为的能力。这需要我们在日常生活中不断练习冥想、反思，学会在情绪涌动的时刻按下暂停键，给自己一个缓冲的空间，去冷静分析眼前的状况。

张丽是一个控制不住自己情绪的人，这常常让她的生活充满变数，尤其是在与最亲近的人——她的老公高强相处时。高强是一个性格温和、耐心十足的人，他深爱着张丽，但也常常因为无法有效应对张丽的情绪波动而感到困扰。

一次，张丽在工作中遇到了挫折，一个原本信心满满的项目因为一些不可控的因素而失败，这让她感到前所未有的挫败和愤怒。下班后，她带着满心的烦躁回到了家。高强正在厨房准备晚餐，听到门响，他探出头来，微笑着迎接张丽，希望用一顿温馨的晚餐来缓解她的压力。

然而，张丽一进门，看到桌上还未摆好的餐具，以及高强那似乎"无忧无虑"的笑容，心中的怒火瞬间被点燃。

"你为什么总是这么悠闲？难道你不知道我今天工作有多难吗？"张丽大声喊道，语气中充满了指责和不满。

高强听到后，脸上的笑容冷了下来。两人随即大吵一架。这样的事情反复几次后，他们厌倦了这种生活，决定离婚了。

认识到感性与理性并非水火不容，而是相辅相成的关系，对于实现内心的和谐至关重要。感性给予我们生活的色彩与深度，是我们创造意义和连接他人的源泉；而理性则是我们导航的工具，帮助我们设定目标、规划路径。真正的智慧在于如何平衡这两者，让它们在相互尊重与合作中共同推动我们向前发展。

总之，驾驭心中的感性与理性小人，既是一场内心的战斗，也是一场成长的旅程。通过不断地自我探索与实践，我们可以学会在情感的海洋中扬帆远航，同时紧握理性的罗盘，确保航向的正确与稳定。

场面人必修课

不要被情绪影响，建立有效的情绪调节机制是关键。可以学习放松技巧，如深呼吸、瑜伽或正念练习，逐渐增强理性的"肌肉"，使其在面对感性的"风暴"时更加坚韧不拔。

08 爱情三部曲，助感情更上一层楼

爱情是两个成熟的个体之间相互爱慕的一种强烈的心理反应，它超越了简单的吸引和欲望，蕴含着深刻的情感连接和共同成长的可能性。那么，该怎么让一段感情变得更成熟，更稳定呢？有以下三个秘诀。

1. 时常表达爱意

在恋爱关系中，感恩与表达爱意是维系双方情感的重要纽带。经常向伴侣表达感激之情和爱意，不仅能够让对方感受到被爱和珍视，还能显著提升恋爱关系的满意度和稳定性。

一项针对恋爱关系的研究发现，经常表达感恩的情侣在关系满意度上得分更高。他们更珍视对方的付出，更愿意为对方做出牺牲，同时也更容易原谅对方的过错。感恩的心态有助于减少抱怨和不满，使双方更加专注于对方的优点和美好。

通过口头上的"我爱你"或通过行动展现的关怀，如拥抱、亲吻、送礼物等，都是表达爱意的重要方式。这些行为能够显著增强双方之间的情感连接，使彼此更加亲近和依赖。当伴侣感受到被爱和珍视时，他们会更加投入这段关系，愿意为共同的未来付出更多努力。

2. 保持身体亲密

身体接触是情感表达的重要方式之一。拥抱、亲吻、牵手等亲密行为能够释放催产素等"爱的荷尔蒙"，增强彼此间的情感连接。即使在日常生活中，也不要忽视这些简单的亲密动作。在忙碌的工作之余，一个温暖的拥抱能够瞬间化解一天的疲惫，让心灵得到慰藉。它无声地传递着"你对我来说很重要"的信息，让伴侣感受到被珍视和爱护。拥抱时，身体的贴近和心灵的交融，仿佛让整个世界都变得柔软而温暖。

除了拥抱、亲吻和牵手外，还有许多其他身体接触的方式可以表达情感。比如，轻拍对方的肩膀表示鼓励和支持，抚摸对方的头发传递温柔和安慰，或者紧紧相拥在怀中给予力量和勇气。这些亲密的动作虽然简单，但却能够深刻地影响彼此的情感和关系。

在日常生活中，我们应该珍惜这些简单的亲密动作，不要因为它们太过平常而忽略其重要性。相反，我们应该更加主动地运用这些方式来表达情感，让伴侣感受到我们的爱和关怀。通过身体接触，我们可以加深彼此之间的情感连接，让关系更加稳固和幸福。

3．给予信任

健康的恋爱关系需要一定的个人空间和独立性。信任对方能够处理好自己的事务，这样的关系更加健康且充满活力。

同时，给予自己空间去成长和探索，也是健康恋爱关系的重要组成部分。每个人都是独立的个体，拥有自己的兴趣、梦想和追求。在恋爱关系中，我们应该鼓励彼此追求个人成长和发展，而不是将对方束缚在自己的世界里。通过给予彼此足够的自由和空间，我们可以更好地发展自己的潜能，实现自我价值，从而让关系更加丰富多彩。

此外，健康的恋爱关系还需要建立在相互支持和理解的基础上。当伴侣在追求个人成长和探索时，我们应该给予积极的鼓励和支持；当自己遇到困难和挑战时，也要勇敢地寻求伴侣的帮助和支持。这种相互扶持和共同成长的过程，不仅能够加深彼此之间的情感联系，还能让关系更加坚韧和持久。

人是有感情的动物，人世间最珍贵的感情莫过于亲情、友情和爱情。人一出生，就离不开亲情，就会陷入亲情网中。人不是独立能够生存的个体，所以人要活着，就要交往，交往之中难免产生友情，友情存在于一定的社交圈子中。唯独爱情，并不是每个人都可以拥有爱情的。任何一种情感对心灵的荡涤和震撼，都比不过一场爱情，无论它是轰轰烈烈还是细水长流。这份关系的美，在于两人的投入程度。当两个人都自然而然去投入，关系就会变成人生养料，让两个人的生命变得更充盈、更美好。

场面人必修课

让一段感情变得更成熟、更稳定，关键在于时常表达爱意、保持身体亲密接触以及给予彼此信任与空间，共同促进个人成长与关系发展。

第六章 自强不息 风范自显

——场面人的文化修养

文化是，或者说应该是，对完美的研究和追求。

01 阅读打底,场面人更出彩

想要做到语出惊人,让全场为你喝彩,阅读是一个必不可少的东西。有一句人尽皆知的格言:"书籍是进步的阶梯。"只有踩着这阶梯,一步步往上爬,才能看到别人看不到的风景。对于经常需要在各种场合露脸的场面人来说,阅读是必备的技能包。有了它,就能学到各种社交礼仪、沟通技巧,还有那些人际交往的小妙招,让他们在聚会、酒会这些场合里,游刃有余,成为焦点。毕竟,谁不喜欢跟一个见多识广、谈吐不凡的人聊天呢?

隋炀帝身边有一名侍卫，叫李密，他是个很聪明的人，但机灵有余，智慧不足，总是看不懂眼色。站岗的时候，李密常常左顾右盼，惹得隋炀帝很不高兴，觉得这个侍卫没什么见识，于是没多久就把他开除了。

被隋炀帝逐出皇宫后，李密十分不满，他决心要好好读书，重新杀回皇宫。由于家里没钱，只能给人放牛，李密就只能把书挂在牛角上，有时间就看。后来，他果然读书破万卷，但也不屑于回宫当隋炀帝的手下了。因为他拓宽了视野和见识，发现隋朝已经是摇摇欲坠，不堪一击，他决定直接采取物理意义的"杀回皇宫"——起义。李密先是加入了瓦岗军，凭借聪明才智取得了领袖翟让的信任，被推举为首领。后来，他领导的瓦岗军作战英勇，牵制了隋军主力，为李渊顺利攻入长安创造了条件。不知道当李密带领大军攻破城门时，隋炀帝会不会后悔当初把他赶出宫。毋庸置疑，读书确实给了李密很大的本事和底气，让他能够名扬青史。

英国评论家毛姆曾经说："阅读是一座随身携带的避难所。"的确，阅读就像是我们自己的一个小窝。在这个小窝里，可以跟那些大人物、智者聊聊天，听听他们怎么说，学学他们的经验。还可以去看看那些没去过的地方，感受那些没体验过的文化。这样一来，我们的眼界就会变宽，见识也会变广，心里头也会更充实、更平静。

古往今来，许多名人都推崇阅读，也有自己的一套阅读办法。比如诸葛亮说："观其大略"，即大致看一眼，着重读重点内容；

朱熹的阅读方法是"熟读精思"和"三到",即反复地阅读,仔细地思考,读书时必须心到、眼到、口到。对于日常繁忙的现代人来说,最有效、最科学的快速阅读方法是美国教育家艾德勒提出的著名的"阅读的四个层次",即基础阅读、检视阅读、分析阅读和主题阅读。

何为基础阅读?即处于识字阶段的阅读。看一本书时,最重要的是认字。当我们打开一本新书时,先要通读一遍,用最快的时间扫一眼,看到不认识的字时再停下,直到把所有字都认识后结束第一遍阅读。

然后,就到了检视阅读,即系统化略读。当我们把一本书通读一遍后,先别急着合上它,也别急着再看一遍,而是回想一下,这本书讲了什么?有没有让我们特别感兴趣的情节?如果有,那就翻过去重新看一遍这个情节。等我们把这本书的内容捋得差不多时,就可以进行分析阅读了。

分析阅读一般是阅读过程中最复杂、最耗时间的一个过程。分析阅读需要我们仔细阅读每一段,每一个字,让我们在了解全书内容的基础上,再去深挖其中的深意。

最后,是用来升华主题的"主题阅读"了。主题阅读要求我们在分析阅读后进行,说是阅读,其实更多的是让我们"写"。写什么呢?写下我们在看书时的思考和见解,以及一些疑问,这就是所谓的"读书笔记"了。在写下这些东西后,我们也可以通过整理出来的思路去寻找下一本书,继续我们的阅读之旅。

总之,阅读是场面人私下必须做的事情。想一想古装宫斗剧和权谋剧，那些最后的大赢家，哪个不是日常书不离手？所以我们要学会把阅读当成一种习惯，让它成为提升自我、展现风采的得力助手。

小君是一个富二代，大学毕业后进入了父母的公司担任部门经理。然而，由于从小受到家里人的溺爱，导致小君不爱学习，更不爱看书。

真正让小君改变自己的，是她的高富帅男朋友。小君的男朋友叫林铭，毕业于常青藤高校，曾经在华尔街工作，回国后担任了一家金融公司的经理。有一次，林铭把小君带到了一个商业晚会，那里都是大客户，如果小君能结识其中一位，就能让父母的公司从经济危机中起死回生。然而，大客户们聚在一起，小君就端着酒站在他们的身边，却听不懂他们的话题。相反，林铭却和他们聊得不可开交。这让小君的自尊心大大受损，她觉得自己和真正的成功人士比像是两个世界的人。回去后，小君决定多阅读。她开始泡图书馆，没事就看书，为了读书废寝忘食。几个月后，小君终于通过阅读增长了自己的见识，不再害怕成功人士们聊起她不熟悉的话题了。她也成功为父母的公司拿下了几个大单子，被视作合格的继承人。

阅读不仅仅是一种知识的积累，更是一种思维的磨砺与视野的拓宽。它如同一把钥匙，能够开启智慧的大门，让人在思考与表达时更加深邃与独特。那些沉浸在书海中的人，往往能在平凡的事物中发现不凡的意义,用独特的视角解读世界,他们的言论因此充满了魅力与深度。在社交场合中,一个善于阅读的人,能够引经据典,用富有哲理的故事或引人深思的比喻,让对话不仅仅是信息的交换,更是心灵的触碰。他们的言谈中蕴含着对人性的洞察、对生活的热爱以及对未来的憧憬,这样的交流无疑能深深吸引听众,让人愿意倾听并与之共鸣。想要成为场面人,就要多阅读,这样才能更出彩。

> **场面人必修课**
>
> 阅读有四招:基础阅读、检视阅读、分析阅读和主题阅读。掌握这些技巧,就能爱上阅读,学会阅读,让自己成为博闻强识的场面人。

02 社交礼仪是规范，也是修养

中国是著名的礼仪之邦，讲"礼"重"仪"是中华民族世代相传的优秀传统。在数千年以前，中国人民就对礼仪有了深刻的认识。孔子曰：不学礼，无以立。在中国数千年的社会历史发展进程中，礼仪有着不可估量的作用。在当今社会，礼仪对我们来说同样起着非常重要的作用。学习并掌握必要的社交礼仪知识，有助于提升年轻人的礼仪素养和个人魅力，将产生积极的推动作用。

社交礼仪就是我们平时打交道时得懂的那套规矩和本事，它不光让别人看着舒服，更是素质和能力的体现。有了社交礼仪，我们才能和别人心贴心交流，建立起真感情，关键时刻也能够得到别人的支持和帮助。

丰子恺是我国著名的教育家和漫画家，也是一个非常讲礼的人。他在平时生活中，经常给自己的孩子们讲要对人有礼貌，还非常具体细致地说："礼仪"，就是待人接物的具体礼节和仪式。

每逢家里有客人来的时候，丰子恺总是把孩子们叫到身边，耐心地教导他们如何热情招待客人。他对孩子们说："客人来了，要热情招待，要主动给客人倒茶、添饭，而且一定要双手捧上，不能用一只手。"他还说："要是客人送你们什么礼物，可以收下，但你们接的时候，要躬身双手去接。躬身，表示谢意；双手，表示敬意。"这些教导，都深深地印在孩子们的心里。在丰子恺的言传身教下，孩子们逐渐养成了良好的礼仪习惯。

无论是职场还是社会，我们都要跟各种人打交道，社交礼仪是必不可少的。总的来说，社交礼仪可以缩减为七个字："有所不为，有所为。"什么是"有所不为"呢？就是不该说的话不要说，不该做的事不要做，不能犯的错误不要出现。例如，在特定的社交场合，穿着过于随意或暴露可能会被视为不尊重他人或不遵守场合规定。不能在正式商务场合穿着休闲装，也不能在长辈面前穿着过于暴露的服装。又比如，不尊重他人隐私，不守信用，不尊重文化差异，等等，都是社交礼仪的禁忌。

那么，什么又是"有所为"呢？就是在社交中，遵守应该遵守的规范。例如，当我们要指别人的时候，不能用一根手指戳戳点点，而是要四指并拢，掌心向上，放在靠下的位置，这样看起来才是对别人比较尊重。

总之，要想掌握社交礼仪规范，还得记住三条基本理念：尊重为本、善于表达和形式规范。首先，"礼者，敬人也。"礼仪的核心理念在于尊重。尊重是一种教养和学识的体现，在运用和学习礼仪的过程中，尊重是至高无上的原则。同时，我们也要自尊自爱，这样才能做到平等地交流沟通。

其次，表达是社交礼仪必不可少的一件事。只有准确说出自己的心声，才能和别人更靠近。但要记住，表达不是想说什么说什么，而是害怕有误会，所以说出来。

最后，礼仪都是有最基本的规范的，并且每个国家、每个地区的礼仪可能都有所不同，我们一定要提前做好功课，以免出现差错。

一家享有国际盛誉的外资企业，发布了一则招聘启事，瞬间吸引了众多求职者的目光。这家企业以其严格的选拔标准和卓越的企业文化闻名，对员工的学历、外语水平、身高以及相貌都有着极高的要求。因此，当招聘消息一出，便如同一石激起千层浪，吸引了大量高素质人才的关注与参与。

经过层层筛选，最终有十位应聘者脱颖而出，进入了最后一轮面试环节。正当大家以为面试即将圆满结束时，总经理却突然接到了一个紧急电话，他面色凝重地向应聘者们表示歉意，留下了一句话，就匆忙离开了办公室。

随着总经理的背影消失在门外，原本紧张的气氛似乎瞬间得到了释放。应聘者们开始不自觉地四处打量起这间办公室来。有的人被墙上挂着的公司发展历程所吸引，有的人则对总经理办公桌上摆放的精美摆件产生了兴趣。更有人，出于好奇或是无意，开始翻阅起总经理桌上的文件、信件以及各类工作资料。

时间一分一秒地过去，当总经理再次推门而入时，他并没有立即宣布面试结果，而是静静地观察着每一个人。他的眼神中似乎透露出一种难以言喻的失望。随后，他缓缓开口："非常抱歉，各位今天的面试到此结束。但很遗憾，没有一个人被录取。"

此言一出，应聘者们面面相觑，满心疑惑。总经理继续说道："在你们等待的这段时间里，我特意留下了这些文件、信件和资料，以此来考察你们的职业素养和职场礼仪。然而，让我失望的是，你们中的每一个人都未经允许就擅自翻阅了他人的物品。在职场上，尊重他人的隐私和物品是基本的职业素养，也是职场礼仪的重要组成部分。很遗憾，你们没有做到这一点。"

听到这里，应聘者们恍然大悟，纷纷低下了头，心中充满了懊悔。社交礼仪在生活中是一件至关重要的技能，它不光是规矩，更是一种智慧，一种修养。礼仪是人际交往的艺术。礼仪的养成如同建造房屋，以伦理道德为基石，用良好的品位、正确的言语、安静的姿态、谦逊的行为和适当的自尊自重搭建而成。只有认真学习并且掌握社交礼仪，才能像场面人一样临危不惧，保持优雅风范。

场面人必修课

社交礼仪能在各大场合给我们加分。举止得体、说话有分寸的人，走到哪里都会被人高看一眼。所以，我们要多学习，多使用，这样才能让自己在社交场合中游刃有余，更受欢迎。

03 多一次旅行，多一份人格独立

世界那么大，我想去看看！

世界那么大，我想去看看。对于现在的时代来说，一切都在变化，有很多让我们感到陌生并且新奇的事物。我们频繁地与陌生人交往，不断经历着各种初次体验。科技淡化了国界，加速了通讯，迫使我们适应多变的社会环境。因此，人类的未来必然是与来自不同国家和文化背景的人共同工作与生活，旅游，可以让我们了解整个世界。

往近了说，旅行，是拓宽人生边界的绝佳方式。每当我们踏上一片新的土地，无论是繁华的都市还是宁静的乡村，都会发现与之前的生活截然不同。这些新鲜的体验、独特的文化、迷人的风景，都在无形中拓宽了我们的视野，丰富了我们的内心世界。通过旅行，我们能够跳出日常的舒适区，面对不同的挑战和机遇，从而培养出更加坚韧、独立的人格。

明朝的徐霞客出生在一个有名的富庶之家，祖上都是读书人。受耕读世家的文化熏陶，他自幼好学，博览群书，尤其钟情于地经图志，少年即立下了"大丈夫当朝碧海而暮苍梧"的旅行大志。父亲徐有勉一生不愿为官，也不愿同权势交往，喜欢到处游览欣赏山水景观。这对徐霞客产生了深远的影响。

万历三十六年（1608年），二十一岁的徐霞客正式出游。他一生志在四方，足迹遍及今21个省、市、自治区，"达人所之未达，探人所之未知"，经过30年的考察撰成了60万字地理名著《徐霞客游记》，被称为"千古奇人"。徐霞客是一位伟大的旅行家，他的一生都在为探索未知、了解世界而努力奋斗，这也让他变得见多识广，

古人常说"读万卷书，不如行万里路"。旅行会大量扩充我们的文化知识库，当我们踏上陌生的土地，无论是山川湖海的壮丽，还是古城小镇的静谧，都会让我们感受到前所未有的震撼与感动。这些亲身体验和亲眼所见的景象，远比任何书本或图片都要生动和真实。

在旅行中，我们还会遇到各种挑战和机遇，这些经历能够锻

炼我们的能力和素质。比如，面对语言障碍，我们需要勇敢地开口交流，这不仅能够提升我们的语言能力，还能让我们更加自信地面对未知的世界。同时，旅行中的自我照顾和解决问题，也让我们变得更加独立和坚强。

更重要的是，旅行还能促进我们自我反思和创新思维。在远离日常生活的地方，我们更容易静下心来思考自己的人生目标和价值观。而那些新奇体验和所见所闻，更是能够激发我们的想象力和创造力，让我们在平凡的生活中找到不平凡的意义。

张硕是一个懒人，毕业后找不到工作，就赖在家里啃老。但他喜欢文学，总是把自己关在房间里，写一些自认为不平凡的巨作。

后来有一天，张硕终于写完了整本书，并且四处托关系，找到了一家出版社的编辑，请求他帮自己出版。编辑看完后，给张硕提了些意见，但张硕却认为编辑没有水平，于是统统不接受。

编辑叹了口气，对张硕说："你再这么故步自封下去，离井底之蛙也不远了。"

张硕这才恍然大悟，原来自己常年待在家里，和外面的世界早已脱轨，他写的书，早就不合读者的口味了。认识到这件事后，张硕开始旅行，并且把自己的所见所闻记下来，当作素材，一年后，他带着崭新的世界观写了本小说。这一次，编辑看完书后非常高兴地告诉张硕："这本书肯定能火！"果然如他所料，张硕的书大卖，多了不少读者粉丝。

人们为何要踏上旅程去"探索世界"？为的是能遇见各式人物，见识多样事物，让感官得以丰富，概念得以拓宽，进而对这个世界拥有更加坚实和深刻的认知。看世界，不仅意味着身体要离开家、离开居住地，目睹各地的自然风光，更意味着要深入社会的肌理，去观察形形色色的人，了解他们不同的身份与角色，以此获得多样化的感受和心境变化。因此，让自己"动起来"，走出门，去旅行一次，看一看这个世界。

场面人必修课

旅行是拓宽眼界、拓展视野的好机会，场面人之所以见多识广，都是在不同的旅行，与不同的人相遇中得来的经验。所以，多旅行，哪怕是到家门口转一圈，都会有不同的体验。

04 用艺术洗刷灵魂中的灰尘

毕加索说过,"艺术的使命在于洗刷我们灵魂中日积月累的灰尘"。成为场面人,艺术能力是必不可少的。场面人都有一双能够鉴别出艺术的眼睛,而这双眼睛,并不是一朝一夕养成的,要通过长期的艺术熏陶。看演出,就是一种不错的艺术熏陶方式。

京剧表演艺术家董圆圆出生于梨园世家，从小就对京剧产生了浓厚的兴趣。然而，她真正立志成为京剧艺术家的契机，却是一次观看师父梅葆玖（京剧大师梅兰芳之子）的演出。当时，董圆圆正在中国戏曲学院学习，有幸现场观看了梅葆玖先生演出的《凤还巢》。梅葆玖那优美动听的唱腔念白、端庄大方的舞台表演，深深地吸引了董圆圆，让她真正领悟到了梅派艺术的魅力。这次观演经历不仅让她对京剧艺术有了更深入的认识，也让她更加坚定了追随梅派、传承京剧艺术的决心。

后来，董圆圆得到了梅葆玖先生的亲自传授，一直在其身边接受熏陶、学演梅派剧目，并于1995年正式拜师。经过多年的努力和磨砺，董圆圆逐渐成长为一位优秀的京剧表演艺术家，并多次在国内外演出中崭露头角，为传承和发扬京剧艺术做出了杰出的贡献。

看演出，作为一种直观且生动的艺术体验方式，它如同一扇窗，让人们得以窥见艺术世界的广阔与深邃。每一次坐在观众席上，随着灯光渐暗，舞台上的幕布缓缓拉开，一个全新的世界便在眼前徐徐展开。无论是戏剧的悲欢离合、舞蹈的灵动飘逸、音乐的悠扬婉转，还是杂技的惊险刺激、魔术的神奇莫测，都以一种最直接、最感性的方式触动着观众的心灵。

在这样的艺术氛围中，人们的感官被充分调动，情感被深度激发，思维被无限拓展。每一次的观演经历，都是对灵魂的一次洗礼，它让人们暂时忘却尘世的烦恼，沉浸在艺术的海洋中，感受着那份纯粹与美好。而这种感受，又会潜移默化地影响人们的审美观念、情感表达和生活态度，使他们在日常生活中更加懂得欣赏美、创造美。

对于那些渴望成为"场面人"，希望在社会交往中能够游刃有余、展现出卓越艺术品位和鉴赏能力的人来说，看演出无疑是一种不可或缺的修炼方式。通过长期的观演实践，他们不仅积累了丰富的艺术知识，更培养出了敏锐的艺术直觉和独到的审美眼光。他们能够从纷繁复杂的艺术作品中迅速捕捉到那些真正触动心灵的作品，能够准确地判断出作品的艺术价值和文化内涵。

同时，看演出也是一种社交活动，它为人们提供了一个交流思想、分享感受的平台。在观演后的讨论中，人们可以就作品的主题、风格、表现手法等话题进行深入探讨，从而增进彼此的了解和友谊。这种基于艺术共同兴趣的社交方式，不仅有助于扩大社交圈子，更能够提升个人的文化素养和社交能力。

因此，对于希望提升自己的艺术能力、成为"场面人"的人来说，不妨将看演出作为一种日常习惯来培养。通过不断地观演实践和艺术熏陶，相信你一定能够拥有一双能够鉴别出艺术的眼睛，并在社交场合中展现出卓越的艺术品位和鉴赏能力。

小张在一次酒会中结识了大客户蒋总。为了迎合蒋总的喜好，他开始翻看蒋总的朋友圈，他发现蒋总的朋友圈每周都要晒一下话剧票根，于是特意买了两张某剧团的票，邀请蒋总一起去看演出。

周末晚上，小张和蒋总来到话剧院，蒋总显然很高兴，因为他想看这个剧团的演出很久了。小张却有些心不在焉，他本来就对话剧演出之类的艺术节目不感兴趣，只想和蒋总套套近乎，聊聊生意。但蒋总一直和小张讲话剧的技巧，讨论剧情。小张几次想岔开话题，都不了了之。

结束后，小张想要相邀蒋总下次再一起去看演出。没想到，蒋总却一口回绝："不必了，小张，我看你也不爱看演出，道不同不相为谋，还是算了吧。"

小张不解，问蒋总："蒋总，恕我直言，我实在不知道看话剧对我的人生有什么帮助。"

蒋总大笑，对小张说道："人不能没有艺术，那些社交名流为什么都看音乐会？就是因为看演出能让他们暂时放松，不然一天总是紧绷着，早晚这根弦会断了。"

对有些人来说，艺术能力仿佛是自己的能力中最不需要的一环。然而，生活往往会在某个不经意的瞬间，以一种温柔而坚定的方式，揭示出艺术的深远意义。他们可能会在某个孤独的夜晚，偶然间翻阅到一本充满诗意的画册，那些色彩斑斓、线条流畅的作品，如同一股清泉，悄然滋润了他们干涸的心田。那一刻，他们开始意识到，艺术不仅仅是视觉或听觉的享受，更是心灵深处的一种慰藉和力量源泉。

或者，在一次偶然的机会中，他们被朋友拉去观看了一场舞台剧。舞台上，演员们用肢体语言和面部表情，讲述着一个个扣人心弦的故事。那些故事，或喜或悲，或真或幻，却都触动了他们内心最柔软的部分。他们开始理解，艺术是一种跨越语言和文化的通用语言，它能够直达人心，唤醒人们内心深处的情感与共鸣。

> **场面人必修课**
>
> 艺术能力并非我们认为的那样无关紧要，相反，它是人性中不可或缺的一部分，是连接人与世界、人与自我之间的桥梁。

05 会说外语的人，另添一份魅力

在这个全球化的时代，语言不仅是沟通的工具，更是连接不同文化和思想的桥梁。学会一门外语，意味着打开了一扇通往世界的窗户，让我们能够跨越文化和地域的界限，与世界各地的人们进行更深入的交流和理解。

二战期间，英国首相温斯顿·丘吉尔以其坚定的意志和卓越的领导力，带领英国人民抗击法西斯侵略。他曾说过一句话："未来的帝国是思想的帝国。我们必须学会用别人的语言思考。"此外，丘吉尔不仅是一位伟大的政治家，也是一位机智幽默的演说家。在一次访问法国的宴会上，丘吉尔就用他的机智和幽默，巧妙地化解了一场尴尬。

当时，丘吉尔应邀参加法国军方举办的宴会。席间，一位法国将军对英国在战争初期的表现颇为不满，认为英国没有给予法国足够的支持。他借着酒意，用英语对丘吉尔说道："如果我是你的妻子，我会在你的咖啡里下毒。"这句话看似玩笑，实则暗含讥讽，意在指责丘吉尔对法国的"背叛"。

在场的人都听懂了这句话，气氛瞬间变得紧张起来。所有人都屏住呼吸，等待着丘吉尔的反应。然而，丘吉尔并没有表现出任何愤怒或尴尬。他微微一笑，从容不迫地用法语回答道："如果我是你的丈夫，我会喝下那杯咖啡。"

丘吉尔的回应引得全场哄堂大笑，紧张的气氛一扫而空。那位法国将军也意识到自己的失礼，尴尬地笑了笑，不再多言。

在这件事中，如果丘吉尔不懂法语，也许他的幽默回复就失去了让人发笑的魅力。正是因为他能够使用对方的语言适当"回怼"，才显示了他对法国文化的尊重，也拉近了他与法国人的距离。

在跨文化交流中，语言能力可以帮助我们更好地应对挑战，维护自身利益。外语学习，不仅关乎知识的获取，更是个人成长和视野拓展的重要途径。

每一种语言都承载着其独特的文化背景和历史传承，通过学习外语，我们能够更直接地接触和感受这些文化的魅力。这种跨文化的交流和理解，不仅有助于我们拓宽视野，增强对不同文化的包容性和尊重，还能够激发我们的创造力和创新思维。

那么，该怎么学习外语呢？其实方法很简单：听说读写，缺一不可。

"听"即听力。众所周知，人有两个耳朵一张嘴，就是为了多听。听力是语言学习的关键。对于儿童来说，听力是他们学习母语和建立语言基础的主要方式。多听，才能熟悉这门语言。

其次，"说"也至关重要。只听不说，就成了哑巴，一辈子也学不会语言。小孩子从牙牙学语，到流利地说话，就是从张嘴说开始的。有了"说"的过程，才能明白该怎么表达。

为了练习"说"，就必须要"读"。要想学会一门外语，就要多读，这样才能拉近自己和外语的距离。

最后，"写"是为了让自己的记忆更深刻。正所谓"好记性不如烂笔头"，多写，才能多记。这也是帮助我们背单词的一个好方法。

对于场面人来说，学会一门外语，就多了一个和别人交往的机会，也多了一条成功的路。

李明是一个不喜欢英语的人。在他看来，外语不过是另一种语言工具，而他坚信自己的专业领域足以让他在未来社会中立足，

无须依赖外语能力。大学毕业后，李明进入了一家知名的科技公司，从事技术研发工作。起初，他满怀信心，认为自己能够迅速适应并崭露头角。然而，随着时间的推移，他逐渐发现，公司的许多项目都需要与国际团队合作，而外语交流成了不可或缺的一环。

在一次重要的国际项目会议上，李明作为团队的核心成员被要求参与讨论。然而，由于缺乏外语沟通能力，他只能依靠翻译软件勉强跟上对话的节奏，这不仅大大影响了讨论的效率，也让他在同事面前显得格格不入，甚至出现了误解和沟通障碍，导致项目进展受阻。

这次经历给了李明沉重的打击，他开始意识到，自己在外语能力上的缺失，已经成为制约他职业发展的巨大障碍。尽管他在专业领域有着出色的表现，但在需要跨文化交流的环境中，他始终无法发挥出自己的全部实力。

此后，李明多次错失晋升机会，甚至面临被边缘化的风险。他开始焦虑，试图通过自学来弥补这一短板，但长期的忽视和缺乏系统学习，使得他的外语水平提升缓慢，难以达到工作所需的标准。

最终，在一次关键的项目竞标中，由于团队在外语沟通上的劣势，公司失去了一个重要的国际合作伙伴，而李明也成了被问责的对象之一。这次失败，让他深刻体会到了"木桶效应"的真谛——一个人的能力再强，只要有短板，就可能成为限制其成功的关键因素。

在社交场合中，如果你能流利地使用外语与人交流，无疑会大大增加你的个人魅力，让你在人群中更加引人注目。在全球化的大背景下，掌握外语已经成为很多岗位的必备技能。无论是跨国公司、外贸企业还是国际组织，都更倾向于招聘那些能够流利使用外语的员工。学外语不仅能让你在求职市场上脱颖而出，还能让你在工作中更加游刃有余。

> **场面人必修课**
>
> 学外语可不是一朝一夕的事，它需要你付出大量的时间和精力。但只要认真地"听说读写"，一定能顺利拿下。

06 修炼三大文化素养，轻松称霸全场

场面人离不开文化素养。一个有文化素养的人，往往能够更好地理解并尊重不同的文化和价值观。在跨文化交流中，他们能够敏锐地捕捉到对方的文化背景和言语中的微妙之处，从而避免误解和冲突，建立起更加和谐的人际关系。

此外，文化素养还能提升一个人的谈吐和气质。他们能够以更加优雅、得体的方式表达自己的观点和想法，让人感受到他们的修养和内涵。这种气质和谈吐，无论是在职场还是社交场合，都能为他们赢得更多的尊重和认可。

更重要的是，文化素养能够帮助一个人更好地认识自己、理解世界。通过学习不同的文化，他们能够拓宽自己的视野，看到更加多元和复杂的世界。这种视野的拓宽，不仅能够让他们更加包容和理解他人，还能激发他们的创造力和创新精神，为社会的进步和发展贡献自己的力量。

那么，身为"场面人"，该如何培养自己的文化素养呢？

1．写作

写作是一种审美能力的培养。优秀的文学作品往往蕴含着丰富的美学元素，如语言的韵律美、结构的和谐美、情感的真挚美等。其次，写作促使我们广泛阅读与学习。为了写出有深度、有见解的文章，我们不得不涉猎各种书籍、文章，了解不同领域的知识与文化。这种主动求知的过程，不仅丰富了我们的知识储备，也让我们在比较与反思中，对多元文化有了更深刻的理解与尊重。

著名作家海明威就坚持每天写作。他写作时有一个习惯：就是桌子上不能有任何的装饰物，以此来保持专注。海明威热爱写作到什么程度呢？他每天早上六点开始站着写作，一直写到中午12点左右。日复一日，不知疲倦。这也让他成为世界知名的作家，一部《老人与海》流芳百世。

写作对于文化的培养是很重要的。因此，养成写作的习惯，我们才能开始文化的养成。

2．思考

思则睿，睿则圣。文化素养不仅仅是知识的积累，更是一种对世界的深刻理解与独到见解。这种理解与见解，离不开深入的思考。通过思考，我们能够将所学知识内化，形成自己的价值观与世界观。同时，思考还能激发我们的好奇心与求知欲，促使我们不断探索未知领域，拓宽视野，丰富文化素养的内涵。

阿普顿是普林斯顿大学的高才生，毕业后到爱迪生的实验室当助手。一天，爱迪生把一个还没有制成成品的玻璃灯泡交给阿普顿，让他测算一下这个梨形玻璃灯泡的体积是多少。接到任务后，阿普顿马上找来了尺子，上下左右量了尺寸，又画了剖面图、立体图，还列了一大堆算式，忙得不亦乐乎。由于灯泡是不规则的梨形，既没有现成的公式可用，也算不出结果。爱迪生在实验室等不及了，便走到阿普顿的工作间，只见阿普顿一脸窘相，再看看那几张白纸上密密麻麻的算式，还是没有得出答案。爱迪生拿起玻璃灯泡，将水倒了进去，然后交给阿普顿说："你去把灯泡里水倒进量杯，看看它的体积刻度，那就是灯泡的体积了。"没想到爱迪生一眨眼的工夫就解决了阿普顿绞尽脑汁花了半天工夫也没算出的答案。

爱迪生拍了拍阿普顿的肩膀，意味深长地说："年轻人，拿到任务后先思考，切忌不思考盲目地去做。思考好了后再去做，往往比你毫无目的地去做能收到事半功倍的效果。"

总之，思考与文化素养之间存在着相互促进、共同发展的关系。通过深入思考，我们能够不断提升自己的文化素养；而文化素养的提升又反过来激发我们的思考能力，推动我们不断进步。

3. 坚守自己的观点

最后，坚守自己的观点是十分重要的，因为这代表着我们的自信和坚持。

爱因斯坦小时候学习成绩不好，但是他非常善于动脑筋，经常会想到一些别人不容易想到的东西。有一次手工课上，老师教大家叠纸盒。正当大家都忙于叠纸盒的时候，老师却发现爱因斯坦趴在桌子上。老师以为是小爱因斯坦懒惰，不想动手，于是走过去问爱因斯坦为什么不叠纸盒。

爱因斯坦抬了抬头，问道："老师，您知道一张纸的厚度吗？"

老师说："这个很好测量啊，你先测出100张纸的厚度，然后除以100不就得到每张纸的厚度了吗？"

爱因斯坦拿出直尺，准确地测量了一下，然后计算得出一张纸的厚度是0.08毫米。老师这时候想出一个问题，便问大家："同学们，现在一张纸的厚度是0.08毫米，如果我把这张纸对折30次后，应该是多高啊？"

听到老师的问题，同学们开始七嘴八舌地讨论起来。"大概有10米多高吧。"有的同学回答道。老师说："太少了。"他刚说完，就招来同学们的一阵哄堂大笑，怎么可能呢？薄薄的一张纸对折了30次就会比一座高山还要高，同学们都以为他在吹牛。这个时候，爱因斯坦不慌不忙地站了起来，走到前面，拿了一支粉笔开始了他对一张纸对折30次后的厚度的计算。结果，一张0.08毫米厚的纸对折30次后，竟高达85899米，确实要比世界上任何一座高山都要高。

文化素养不仅是对知识的积累，更是对自我认知的深化。它教会我们如何在纷繁复杂的信息中保持独立思考，如何在多元文化的碰撞中坚守自己的立场。当我们拥有了一定的文化素养，就能够更加清晰地认识到自己的价值观、兴趣所在，以及自己在社会中的角色和使命。这种自我认知的深化，使我们更加坚定地相信自己的判断，勇于表达自己的观点，即使面对质疑和挑战，也能够坚守初心，不改其志。

场面人必修课

写作、思考和坚守自己的观点是一个循序渐进、环环相扣的过程，不可过缓，也不可过急。只有这样，才能成为霸气的场面人。

第七章 职场征途 磨砺以须

——场面人的升迁策略

目标愈高，志向就愈可贵。

01 锁定目标，跑赢职场赛道

职场人怎么做场面人？第一步，就是先把自己的职场之路规划好。现实生活中的许多案例告诉我们，影响人生发展高度的三大核心要素分别是目标设定、个人奋斗以及生活契机。说白了，决定一个人能走多远，主要看三样东西：定目标、自己拼还有碰运气。把握机遇的实质其实就是进行有效规划，一旦设定了目标，就能明确努力的方向。人生就在于选择，一个人若能明智地抓住一个关键选择，其整个人生轨迹都会趋向于美好。

山田本一曾是国际马拉松比赛中的佼佼者，他在1984年和1987年的国际马拉松比赛中两次夺得世界冠军。当记者几次问他凭什么取得如此出色的成绩时，山田本一总是斩钉截铁地回答道："凭智慧战胜对手，取得胜利。"他在自传中写道：每次比赛之前，他都要乘车将比赛的路线仔细地勘察一遍，并把沿途比较醒目的标志画下来，比如第一个标志是一家银行，第二个标志是一棵大树，第三个标志是一座公寓。这样一直到赛程的终点。比赛开始后，他以百米冲刺的劲头向第一个目标冲去，到达第一个目标后，又以同样的速度向第二个目标冲去。40多公里的路程就这样被他分解成若干个小目标而轻松地跑完。起初，他并不是这样做的，而是把目标一下子定在终点线的那面旗帜上，结果跑到十几公里就觉得疲惫不堪了，因为他被前面那段遥远的路程吓倒了。

职场也是一样，每一个大的成功都是由小的目标铺垫而成的。所以，我们要努力走出第一步，先树立一个正确的目标，然后一步步地去实现。我们在制定目标的过程中，一共要分成三个板块，一一挑选。

第一个板块，叫作"主战场选择"。大城市资源好，机会多；小城市生活成本低，压力小，各有各的优点。具体该怎么选择，还是要看你想要的和你的能力上限。

第二个板块，叫作"行业选择"。俗话说，三百六十行，行行出状元。可是选择到一个真正发展前景好、适合自己并且感兴趣的行业还是非常困难的。在行业的选择上，我们应该多听听别人的建议，必要的话，听听讲座，或者咨询就业指导顾问，都能让我们做出合适的决定。

第三个板块，叫作"企业选择"。国企还是私企？大企业还是小企业？得好好琢磨一番。首先，我们得了解企业文化，看一看企业的工作氛围。然后是薪酬福利是否合乎我们的要求，企业有没有发展前景。最重要的，还是自己喜欢。毕竟，工作是你每天要面对的事情，如果你都不喜欢，那还有什么意义呢？

做好这些选择后，我们就能找到合适的目标。然后就不用说了，为了目标努力，就像攀登高峰，每一步都至关重要，只有脚踏实地，才能最终登顶，享受那份"会当凌绝顶，一览众山小"的豪情壮志。

李明辉和张伟杰是大学舍友，他们都毕业于工程专业，但他们的人生目标却完全不同。李明辉想要继续深造，于是选择继续读研；而张伟杰没有目标，只想着找一家公司上班，然后娶妻生子就够了，所以，他毕业之后就找了一家公司工作。

几十年后的同学聚会上，李明辉和张伟杰又聚到了一起，只不过他们的身份此刻是天差地别。李明辉当年深造毕业后，凭借着卓越的学识和不懈的努力，成功入职了国内一所知名的９８５高校，成了石油化工领域的顶级专家。反观张伟杰，当年虽然成绩优异，但没有目标，进入公司后待遇不好，几经颠簸，人到中年也只是一个普通的工程师。

进入职场的人如果没有目标，就像航海没有了指南针。心里有明确目标的人，才是知道自己要去哪里的船长，这样才能看得清眼前的路。因此，进入职场第一步，就是要定好自己的目标，不要让自己成为没有方向的船。

> **场面人必修课**
>
> 进入职场的第一步，就是要定好自己的目标，不要让自己成为没有方向的船。三个选择，我们要一步步地进行，最后找到适合自己的目标。

02 关注行业信息，这关乎你的升职加薪

职业生涯中一个至关重要的转折点常常发生在工作两到三年的时候。在这个阶段，新人们大致上已经掌握了必要的技能并适应了职场规则，并且开始不安于现状，想要获得更大的突破。然而，职场内风云诡谲，同事们都各怀鬼胎，怎么超过他们，给自己谋来实在的福利，是个难题。如果我们不去主动了解和适应行业的最新动态，那么，就很可能会错失升职加薪的良机，甚至面临被淘汰的风险。因此，时刻关注你的行业信息，这是实现职业晋升、收入增长的关键。

冯道是五代十国时期的著名宰相，历经四朝十代君王，被誉为"十朝元老"。他的官场生涯充满了波折与变化，但他却能够游刃有余地处理各种复杂的政治关系，这主要得益于他独特的官场智慧和处世之道。

在五代十国这个动荡不安的时代，朝代更迭频繁，皇帝如走马灯般轮换。冯道深知，要想在这个乱世中生存下去，就必须学会适应和变通。因此，他并不拘泥于对某一皇帝的忠诚，而是根据时局的变化，选择最有利于自己的立场。

后晋高祖石敬瑭为了篡取后唐皇位，曾向辽国求援，并以割让燕云十六州为代价换取辽国的支持。他即位后，为了巩固与辽国的关系，决定派遣使臣前往辽国行礼。为了试探冯道的忠心，石敬瑭要求他出使辽国，还要表示对"父皇帝"的尊敬。没想到，冯道毫不犹豫，说："陛下受北朝恩，臣受陛下恩，有何不可？"

有一次，石敬瑭要冯道出使辽国行礼，再后来，晋朝被契丹所灭，辽太宗耶律德光进入了都城，冯道应召到达，被任为太傅。有一次，耶律德光问他："天下百姓如何救得？"这是一句十分危险的话，稍有不慎就要掉了脑袋。没想到，擅长根据时态变化改变自己态度的冯道马上说："哪怕是真佛出世也救不了，只有皇帝您能救得。"也是这句话，让耶律德光打消了"尽屠汉人"的想法。

冯道并不执着于所谓的"忠臣不侍二主"的大义，懂得时刻关注官场上的变化，这也是他被称为"官场不倒翁"的原因之一。也正因如此，他才能够凭借自己的智慧和处世之道，在乱世中生存并发展，成为了五代十国时期的一位杰出政治家。

在现代职场中，信息就是力量。知道行业里的风吹草动，公司里的人事调整，还有那些同事、对手的小九九，这些都能帮你在职场上混得风生水起，晋升机会自然就多了。

想要获得准确的行业信息，最简单的办法，就是多参加行业内的聚会、研讨会，结识业内的大佬、专家，从而拓展人脉。其次，我们得学会利用社交媒体。在微博、微信、知乎这些平台，都有很多行业内的专业人士在分享他们的见解。可以关注几个觉得靠谱的账号，每天看看他们发的内容，也能收获不少。

另外，也不要忘了关注一些行业内的报告、白皮书。这些报告一般都是比较系统、全面地分析行业的情况，虽然可能稍微有点枯燥，但绝对是获取行业信息的好途径。总之，获取行业信息的方法有很多，只要我们用心关注，主动交流，愿意花时间和精力去搜集、分析这些信息，就能在职场上保持敏锐的嗅觉，抓住那些稍纵即逝的机会，让升职不再成为难题。

李明是一名在广告行业摸爬滚打了三年的年轻人。他虽然能干，但似乎总是在原地踏步，升职加薪的机会总是与自己擦肩而过。

问题出在哪里呢？李明开始反思。直到有一天，他偶然参加了一个广告行业的交流会。会上，一些资深从业者正在热烈讨论着行业的新趋势，比如大数据在广告定位中的应用、短视频广告的崛起等。李明听着，心中豁然开朗，原来自己一直在埋头苦干，却忽略了抬头看路，对行业的新动态了解得太少了。

从那天起，李明下定决心要改变。他开始主动关注行业内的新闻，订阅了多个广告行业的专业杂志和网站，每天抽出时间阅读。同时，他也更加积极地参加各种行业聚会和研讨会，结交了不少业内的大佬和专家，通过他们的分享，李明对行业的新趋势、新技术、新工具有了更深入的了解。

之后，李明开始将这些新知识应用到实际工作中。这些创新尝试不仅让李明的项目获得了更好的效果，也让他的能力得到了领导和同事的认可。几个月后，公司决定提拔一名新的项目经理，李明凭借出色的表现和对行业趋势的敏锐洞察，成功脱颖而出，获得了这个晋升的机会。

谁不想加薪，不想有一份更好、更令人兴奋的工作，不想有一个攀登职业阶梯并充分发挥自身潜力的机会呢？如果你做好了升职的打算，就先好好观察一下你的周围吧，抓住关键信息，不要让机会从指间溜走。

场面人必修课

对于现代职场人来说，想要升职加薪，就必须学会把自己变成信息达人。通过积极参与行业活动、关注社交媒体、阅读行业报告等方式，不断获取有价值的信息，并将这些信息应用到实际工作中。

03 团队凝聚力，领导力的透视镜

> 有了兄弟义气，才能当好领导！

综观四大名著，无论是《三国演义》中的刘关张桃园三结义，还是《水浒传》里的一百单八梁山好汉，又或者是《西游记》中的唐僧师徒四人，都能够得出一个结论：紧密的团队关系才能帮助团队渡过难关。而团队凝聚力的强弱，往往直接反映了领导者的领导力和团队管理的智慧。一个高效、和谐的团队，不仅能够在激烈的市场竞争中立于不败之地，还能持续激发成员的潜能，推动企业不断向前发展。

《水浒传》中的宋江，无疑是一位合格的领导者。梁山在宋江之前，曾有过两位领导，一个王伦，因为利欲熏心，最后身首异处；一个晁盖，虽然善良，但是没有什么凝聚力，下属有困难都找宋江而不找他。只有宋江，他善于识人用人，能够将性格迥异、兴趣不同的108位好汉巧妙地融合在一起，把梁山变成了一个"大IP"。最开始，水泊梁山与其他山寨无异，不过都是一群由土匪流氓。然而，宋江一加入，便高举起了"替天行道"的旗帜，瞬间升华了团队格调。他以"义"为核心，凝聚人心，这种深厚的"义"带来了众多的追随者，进而产生了广泛的影响力。他利用这种影响力不断开疆拓土，最终形成了强大的领导力。

领导力是一个人在团队或组织中，运用自身的能力和技巧，以影响和激励他人，达到共同目标的能力。这种能力不仅体现在对团队成员的引导和管理上，还体现在对团队氛围的营造、团队目标的设定以及团队文化的塑造等多个方面。不会带团队，就只能干到死。一个人如果没有领导力，就难以验证自己的能力，也很难在职场立足。而团队的凝聚力，可以最大化地看出领导的真正能力。那么，该怎么做才能营造出良好的团队凝聚力呢？

首先，我们要建立紧密的团队关系。紧密的团队，需要有懂得尊重的领导和值得信任的员工，只有这样，才能激发工作中的积极关系，打造高效率团队。其次，我们要清楚团队中每个人的形象和特色。团队是人与人之间按照一定的角色与定位进行的组合。要想打造有良好凝聚力的团队，除了具有各具特色的技能专长，更需要有不同的角色的定义，形成互补的优势。清晰的个人任务分配能够让团队中的人清楚自己的角色和对团队的定位和贡献，他们更可能对自己的工作成果感到个人责任感，从而提高工作质量。

最后，不论是工作还是生活上，一个善于聆听的领导者和保持良好沟通的团队可以更好地了解大家对工作环境、工作职责、与同事和经理的关系以及公司文化的感受。通过深入了解团队的需求和感受，我们也能制定出更加恰当的管理策略，激发团队的潜能和创造力，推动团队不断向前发展。

李晨在进入公司后，被分配到了一个相关小组里，和同事们一起完成项目。起初，他手足无措，不知道该怎么融入团队。他觉得同事们都很不好相处，各有千秋。一次小组开会后，他们产生了非常严重的分歧，李晨和组员大吵一架。李晨的老板得知后，把他们叫到了办公室里，说："有什么事就说出来，沟通之后一定能解决问题的。"接着，老板让李晨等人轮流发言，仔细讲讲自己的想法。最终，李晨小组的问题顺利地沟通成功了。

这件事之后，李晨被老板的处事能力惊艳到了，他也开始学着老板的样子，组织大家有问题就诉说，没事还总带着团队开小会，出去聚餐。李晨的小组没多久就变得特别有向心力，李晨俨然成了小组里的组长。

领导力和团队凝聚力是相辅相成的关系。一个好的领导者，能够把团队拧成一股绳；而一个氛围良好的团队，也能让领导者变得轻松。想要认证你的领导能力,就学着带团队,加强团队的凝聚力。

> **场面人必修课**
>
> 团队凝聚力是团队成功的关键所在。只有建立紧密的团队关系,清楚团队中每个人的形象和任务,认真倾听团队的建议,才能带领团队克服各种困难,实现共同目标。

04 塑造个人品牌，三步实现价值倍增

在当今竞争激烈的职场环境中，个人品牌已经成为职场人提升影响力、获得更多机会和资源的重要工具。一个强大的个人品牌不仅能帮助你在同事、客户和领导中建立信誉和信任，还能促进职业发展，提高知名度，让你在竞争中脱颖而出。那么，我们该怎么做，才能帮自己塑造一个令人难忘的个人形象呢？

1. 明确个人品牌定位，挖掘并发挥优势

个人品牌定位就像是给自己在职场上贴个独特的标签，这个标签得能展现你的特别之处，让你在众人中一下子就被认出来。所以我们得从自己的拿手技能、相关经验开始琢磨，也可以结合兴趣，在行业里给自己找个独一无二的位置。

例如，你要是特别会和人打交道，那就可以自称是"团队里的超级黏合剂"；要是脑子里总有新奇想法，那就是"点子王"。找到了定位之后，接下来就可以深挖自己的优势了。职场中，每个人都有那么一两把刷子，可能是能力强、潜力无限、人脉广，又或者是逻辑思维厉害得让人佩服。就连平时的爱好，有时候也能变成你的加分项。比如有的人喜欢打羽毛球，就可以利用这个机会和上司拉近关系，既展示了球技，又让别人看到了你的活力和团队精神，这样就能轻轻松松在职场上崭露头角。

总之，个人品牌定位得从找到自己的闪光点开始，然后让它在职场上为我所用，闪闪发光。

2. 内外兼修，塑造一致的品牌形象

个人品牌不仅包含你的专业技能和工作经验，还涉及外在形象和内在素养。外在形象是你给人的第一印象，它决定了别人是否愿意与你进一步交往。因此，你需要根据不同的场合，调整自己的着装和仪容，以展现一个专业、自信的形象。

然而，仅有外在形象是不够的，内在素养同样重要。内在素养是一个人的修养和品质，它需要通过长期的修炼和积累来形成。你可以通过参加培训、阅读书籍、与优秀的人交流等方式，不断

提升自己的内在素养，让自己成为一个有思想、有深度的人。

在塑造品牌形象时，你需要保持一致性。无论是在社交媒体上的言论，还是在工作中的表现，你都需要传递出一致的信息和价值观。这样，别人才能对你形成一个清晰、稳定的印象，从而记住你并认可你的个人品牌。

3．积极传播，积累个人口碑资产

有了明确的品牌定位和一致的品牌形象后，就需要通过多种渠道积极宣传自己。这时候，社交媒体就派上用场了。我们可以通过微信、微博等平台发布有价值的内容和观点，与同行和专业人士互动交流，扩大自己的影响力。此外，还可以积极参加行业活动、会议和论坛等，与同行和专业人士面对面交流，展示自己的专业能力和价值。这样一来，在宣传了自己的同时，也积累了个人口碑资产，可以提高自己在行业中的知名度和美誉度。

正如亚马逊创始人杰夫·贝索斯所言："你的品牌是你最重要的资产。你的名声，无论好与坏，会永远跟着你。"个人品牌是职场人士的一张隐形名片，它反映了你的专业能力、人格魅力和价值观。通过不懈努力，精心打造并维护一个强大的个人品牌，就能在职场的广阔舞台上绽放光彩，实现个人价值的最大化。

> **场面人必修课**
>
> 打造个人品牌是一个长期而持续的过程。我们需要明确自己的品牌定位，挖掘并发挥优势；内外兼修，塑造一致的品牌形象；积极传播，积累个人口碑资产。只有这样，才能在职场中建立起一个强大而令人难忘的个人品牌，为自己的职业发展铺平道路。

第八章　学无止境 乐享人生

——场面人的生活哲学

生活是一种绵延不绝的渴望，渴望不断上升，变得伟大而高贵。

01 从容不迫，是场面人的生活态度

奥修曾说："只有当你有优雅的意念，优雅才有可能自然地出现；出自内在的优雅，就是神性的展现。"优雅是场面人最好的装饰品。在一些国际知名企业，比如摩托罗拉，就非常重视员工的自信心和优雅形象。优雅是什么呢？是在舞会上装扮得体，用优美有礼的举止赢得所有人的认可；是在社交时谈吐自如，能在关键时刻展现出非凡的应变能力。最重要的，优雅是一种生活态度，是无论什么时候，都有从容不迫的样子。

春秋末年，孔子带领弟子们周游列国，传播自己的儒家学说。当时的卫国匡城刚刚遭遇过鲁国大贵族季氏的家臣阳虎的攻打，正值满目疮痍。阳虎在攻打匡城时杀人如麻，抢劫金银财宝无数，因此被匡城百姓恨之入骨。

恰巧，孔子随行的弟子中，有一个叫颜刻的人，他曾经跟随阳虎攻打过这里。匡城的老百姓认出了颜刻，于是一哄而起，挥舞着各种农具和棍棒，把孔子和他的弟子们团团围住，叫喊要向阳虎讨回血债。

面对突如其来的危难，孔子的弟子们纷纷拿起武器准备战斗。然而，孔子却神色坦然，表现得异常冷静和从容。他没有因为被误解和围攻而慌乱或愤怒，反而端坐在地，让弟子子路弹琴，自己则唱起歌来。优雅的琴声和歌声如同一股清流，穿透了匡城百姓心中的愤怒和恐惧。他们开始意识到可能认错了人，觉得这些人不可能是野蛮的阳虎同党。于是，百姓们纷纷上前打听情况，这才知道原来被他们围住的人是孔子和他的弟子们。在得知真相后，百姓们不仅放行了孔子一行，还给他们深深鞠了一躬，以表示自己的歉意和敬意。

变得优雅是一个由内而外、逐步修炼的过程。就像俄国文学家别林斯基说过的，"外表的整洁和文雅应当是内心纯洁和美丽的表现"。想要成为一个优雅的人，首先要让自己的外表变得无瑕。从服饰到发型、妆容都得体宜人，在社交时温柔有礼，面对别人的发难也能先告诉自己"这不是什么大不了的事，我不生气"，然后用温柔的话语回答。优雅不仅仅是一种表面的装饰，更是一种深入骨髓的气质。它体现在我们的每一个动作、每一个表情、每一次与人交往中。只有当我们真正理解了优雅的内涵，做到从容不迫、淡定自若，才能在日常生活中展现出这种美好的品质，让周围的人感受到我们的魅力与教养。

　　李尚是一家新成立的公司的老板。有一天晚上，他受邀参加一场由当地艺术协会举办的慈善晚宴，这场晚宴汇聚了众多社会名流和文化精英，如果能拉到一个大客户，就能为公司打开商路。这对李尚来说是一个千载难逢的好机会，当天晚上，李尚身着定制的西装，佩戴着得体的领带，提前半小时抵达了晚宴现场。

　　当夜，李尚举止优雅，谈吐大方，主动和那些名流人士问好，试图刷一刷"印象分"。然而，晚宴进行到一半时，突然发生了一个小插曲。一位服务员不小心将一杯红酒洒在了李尚的衬衫上。服务员吓得脸色苍白，连忙道歉："先生，对不起，真的对不起！"

　　鲜红的酒渍染花了李尚的白衬衫，别人看到，都忍不住皱起了眉头。李尚身旁的王老板坐不住了，指着服务员斥责："怎么搞的，连杯酒都端不好！"

　　然而，李尚却表现得异常冷静，他微笑着安慰服务员说："没事，这只是一个意外。你去忙吧，我自己处理一下。"然后对王老板打趣："看来是宴会上的酒太好喝了，连我的衣服都想尝尝。"一席话说得众人哈哈大笑，也就忘记了刚才的尴尬。然后，李尚拿起餐巾纸，轻轻地擦拭着衬衫上的酒渍，继续与人交谈，仿佛这件事从未发生过一样。

李尚的优雅让周围的人感到十分敬佩。晚宴结束后，很多老板都主动和李尚谈合作，李尚的公司也因此收获了许多订单，赚得盆满钵满。

青春无法永恒地驻留在任何人身上，但优雅能够保持永恒的吸引力。因为优雅是时间无法带走的美丽，它永不褪色。就像我们无法让葡萄常年保持新鲜多汁，但能将其转化为美酒，使其随着岁月流逝而愈发珍贵，历久弥香。

场面人必修课

从容不迫是一种优雅的生活态度。要想学会优雅，先保持良好的心态，做到"情绪稳定"，宠辱不惊，才能展现出自己的魅力与风采。

02 乐观，是场面人的底色

乐观，是每一个场面人的底色。一个乐观的人，无论遇到什么难题，都能用乐观的心态、幽默的话语来解决。就像密歇根大学心理学教授詹姆斯说的那样："那些笑脸常在的人，在管理、教育和推销当中会更容易获得成功，更容易培养快乐的下一代。"遇到困难前，先不要急着愁眉苦脸，试着往好的方面想一想，也许一切都能守得云开见月明。

中江兆民是日本的一位哲学家，被誉为"东方卢梭"，他一生充满了坚韧与乐观。然而，５４岁那年，他被诊断出患有咽头癌，医生断言他仅剩一年半的生命。面对这突如其来的绝症，中江兆民并未选择沉沦，而是以惊人的毅力，坚守着"只要有一口气，就一定有事可做，也可过得愉快"的信念。

　　在生命的倒计时中，中江兆民笔耕不辍，完成了日本学术史上的两部里程碑式著作——《一年有半》与《读一年有半》。这两部作品不仅凝聚了他深邃的哲学思考，更展现了他面对死亡时的从容与淡定。此外，他还在重病期间创作了一首名为《跌倒时也要笑》的名诗，这首诗以其深刻的寓意和鼓舞人心的力量，在日本广为流传，激励着无数人在逆境中保持乐观，勇敢地面对生活的挑战。

　　现代医学和心理学的研究成果表明，情绪不仅对人的心理健康有影响，而且对人的身体健康也有直接影响。一个人若是心情舒畅、快乐，生活态度乐观、豁达，则人体免疫功能活跃、旺盛，身患疾病的概率会大大减少。所以，保持乐观的心态，也可以让我们远离疾病，迎来新生。

　　一个乐观的人，他会时刻保持热情洋溢、开朗快乐的心态，以及不为外物所动、不为自我所伤的豁达胸怀。在人际交往的舞台上，他们总能展现出热情积极、主动友好的一面，或大大咧咧、不拘小节，或风趣幽默、引人发笑，或性情豪爽、直率真诚，或热情奔放、充满活力。他们乐于助人，主动伸出援手，待人接物皆如春风拂面，温暖人心。

小美刚失业的时候，情绪低落，花了很长时间才让自己重新振作起来。而后，她不想再找工作了，打算做微商。然而，朋友A在听完她的计划后非常惊讶，劝她说："微商太不现实了，你还是踏踏实实地找份工作吧。"这让本来就对事业失去希望的小美更加郁闷。

后来的某一天，小美把这个想法告诉了另一位好朋友B。本以为B也会阻挠自己，没想到，B非常高兴地说："这想法很好呀，现在微商做好了利润非常可观，我觉得你可以试一试。"

小美有些不可思议地问道："你真这么想的呀？可大家都泼我冷水，让我打消这个念头。"

B继续鼓励道："其实，做微商并没有想象中那么难。而且你很聪明，朋友也多，肯定会很快上手。再说了，做微商的成本也不高，即使失败了你也可以从头再来。"B所说的一番话让小美重拾自信，他乐观的心态影响了小美。在他的鼓励下，小美开始了创业第一步，果然之后越来越熟练，把自己的微商事业做得风生水起。

那么，我们该如何培养乐观的心态呢？

第一，当我们遇到困难的时候，先不要往最坏的方面想，而是试着想一想好处，用积极的思维方式改变我们的思维模式。

第二，有目标的人会生活得更有希望。目标就是我们的生活动力，也会让我们保持遇到困难毫不退缩的心态和对未来的期待。

所以，想要乐观，先给自己找个目标。

第三，感恩心是一种积极的心态，可以帮助我们更好地关注生活中的积极方面。每天花时间思考和记录我们所感激的事物，可以培养感恩之心，从而提升乐观的心态，并更好地应对日常挑战。

请记住，乐观的心态是可以培养和训练的，通过持之以恒地练习和采取积极的行动，我们可以逐渐成为更加乐观的人。所以，多笑一笑，可以让自己变得更好。

场面人必修课

培养乐观心态对于个人的心理健康和幸福至关重要。通过积极思考、设定目标和培养感恩之心，我们可以逐渐培养乐观心态，并在生活中体验到更多的积极情绪和满足感。

03 气场全开，掌握人气场上的三点技巧

> 吾日三省吾身……

> 真是气场全开啊！

气场，是一种无形的力量，它代表着一个人的自信、魅力和影响力。拥有强大的气场，可以让你在人群中脱颖而出。那么，我们怎么才能保持强大的气场呢？

1. 认识自我，是旅程的起点

真正的美丽与成功，往往源自内心的宁静与自我专注。在人生的旅途中，认识自己是第一步。这不仅仅是对自己性格、兴趣、价值观的了解，更是对内心深处渴望与梦想的追寻。

在汉朝的时候，西南方有一个叫作"夜郎"的小国家。由于夜郎国地处偏远，且国王及其臣民从未离开过自己的国家，因此他们对外部世界的了解非常有限。夜郎国王误以为自己的国家是世界上最大的国家，对西南各国总摆出一副大国的架子。

有一天，夜郎国国王带着官员们巡视国境，他骄傲地指着前方，问道："你们说，天下最大的国家是哪个呢？"夜郎国的官员们为了讨好国王，谄媚地说道："当然是咱们夜郎国了！"夜郎国国王又问道："天下最高的山在哪儿呢？"官员们回答道："当然是在咱们夜郎国了。"

后来，汉朝派遣使者来到了夜郎国。使者向国王介绍了汉朝的广阔疆域和强大国力。没想到，夜郎国国王面对汉朝使者，却不自量力地问道："汉朝跟我的国家哪个大？"使者听后哑然失笑，因为夜郎国实际上只相当于汉朝的一个州或更小的行政单位。

后来，使者回到汉朝，把这件事奉为笑谈。从此，"夜郎自大"成了一个贬义词，用来讽刺那些不知天高地厚，认不清自己的人。

成功的前提，在于知道"我是谁"，而不是"你是谁"。认识自我，意味着我们需要深入探索自己的内心世界，了解自己的优点和缺点，明白自己的喜好和厌恶，理解自己的情感需求和价值观。当我们真正认识了自己，就能找到属于自己的道路和目标。

2. 自我反思，不断迭代

成长是一个持续的过程，而自我反思则是这一过程中的重要环节。定期回顾自己的行动与决策，分析哪些地方做得好，哪些地方有待改进。不必过于苛责自己，每一次失败都是向成功迈进的一步。通过反思，我们不仅能更加清晰地认识自己，还能不断调整策略，以更高效的方式前行。

在《世说新语》中，有一个叫周处的青年人，他性格凶悍，好斗且任性，常常凭借自己的勇武欺凌乡里，成为当地人心中的一大祸害。由于他的恶行，加上当地山林中常有猛虎出没，以及一条危害乡民的蛟龙，周处与这两者一同被并称为"三害"。

有一天，周处决定要消除这"三害"。他先上山射杀了猛虎，又下河与蛟龙搏斗，三日三夜都未上岸。村民们以为他已经与蛟龙同归于尽，于是互相庆贺，认为"三害"终于除尽。

然而，周处最终却奇迹般地活着回来了，当他听到乡亲们在为他"死亡"而庆祝时，内心受到了极大的震撼。之后，周处开始反思自己的行为。他意识到，自己过去的行为给乡亲们带来了多大的痛苦和不安，而自己却还自以为是英雄。这种自省让他感到羞愧和懊悔，也激发了他改变自我的决心。从此，周处开始改变自己的行为，他努力学习文化，修身养性，逐渐成了一个有学问、有德行的人。

自省是一种强大的力量，它能够推动个人从内而外地发生改变，实现自我超越与人格升华。我们要重视自省的价值，将其融入日常生活之中，通过不断地自我检视与完善，成为一个更好的自己。

3．由内而外地相信自己

居里夫人曾说过，"我们应该有恒心，尤其要有自信心"。自信是一种内在的力量，也是支撑起人的钢筋。一个气场强大的人，往往能够给人留下深刻而积极的印象。他们的言行举止中透露出自信、从容和优雅，使人在不自觉中被吸引和感染。

小泽征尔是世界著名的交响乐指挥家。在一次世界优秀指挥家大赛的决赛中，本来一路顺风顺水，但他却在中途敏锐地发现了不和谐的声音。

起初，小泽征尔以为是乐队演奏出了错误，便停下来重新演奏，但问题依旧存在。出于自信，他断定是乐谱有误，然而，在场的作曲家和评委会的权威人士却坚持说乐谱绝对没有问题，是小泽征尔错了。

面对一大批音乐大师和权威人士的质疑，小泽征尔内心也产生了动摇。但他经过深思熟虑后，坚信自己的判断是正确的。于是，他斩钉截铁地大声说："不！一定是乐谱错了！"只听他的声音刚落，评判席上的评委们立即站起来，向他报以热烈的掌声，祝贺他大赛夺魁。

原来，这是评委们精心设计的一个"圈套"，以此来检验指挥家在发现乐谱错误并遭到权威人士"否定"的情况下，能否坚持自己的正确主张。在三名选手中，只有小泽征尔相信自己而不附和权威们的意见，从而获得了这次世界音乐指挥家大赛的桂冠。

人生是一场漫长的旅行，我们都是路途中的旅客。但要走好这段旅途，还需要我们拥有无惧的内心，强大的气场。

> **场面人必修课**
>
> 要保持并提升气场，我们需要从认识自我开始，通过自我反思不断成长，最终培养出由内而外的自信。做好这三点，才能掌握全场，绽放光彩。